जौन एलिया

प्रख्यात उर्दू शाइर, जौन एलिया का जन्म, 14 दिसंबर 1931 को, उत्तर प्रदेश के ज़िला अमरोहा के एक ज़मींदार परिवार में हुआ था। जौन ने जिस परिवार में आँखें खोलीं वहाँ चौबीसों घंटे ज्ञान की गंगा बहती थी। न केवल उनके पिता सय्यद शफ़ीक़ हसन एलिया कई भाषाओं के ज्ञाता, दार्शनिक, एवं शाइर थे, बल्कि उनकी पिछली कई पुश्तों से ये सिलसिला चला आ रहा था।

बचपन ही से जौन एलिया को शे'रो-शाइरी में विशेष रुचि थी। उन्होंने अपना पहला शे'र आठ बरस की उम्र में कहा था।

शुरुआत में पढ़ाई में रुचि न होने के कारण अक्सर थर्ड डिवीज़न से पास होते थे किंतु आगे चलकर उन्होंने न सिर्फ़ अरबी, फ़ारसी, उर्दू एवं दर्शन में उच्च शिक्षाएँ प्राप्त कीं, बल्कि अंग्रेज़ी, इब्रानी और अन्य कई भाषाओं में भी महारत हासिल की। युवा अवस्था में नाटकों में दिलचस्पी पैदा हुई और उन्होंने बाक़ायदा 'जौन ड्रामा क्लब' बनाकर बतौर अभिनेता एवं निर्देशक कई नाटकों के सफल मंचन किये और एक *ख़ूनी ख़ंजर* नामक नाटक लिखा भी।

जौन अपने चार भाइयों में सबसे छोटे थे, उनसे छोटी

केवल एक बहन थीं। भारत विभाजन के बाद एक-एक करके उनके तीनों भाई पाकिस्तान चले गये। छोटी बहन की शादी एवं माता-पिता की मृत्यु के कुछ समय पश्चात् वे क्षय रोग के शिकार हो गए, चूँकि यहाँ उनकी देखभाल करने वाला कोई नहीं था इसलिए भाइयों, मित्रों और छोटी बहन के दबाव में उन्हें अमरोहा छोड़कर पाकिस्तान जाना पड़ा। सन् 1957 में पाकिस्तान पहुँचने पर उपचार के उपरांत वो शारीरिक रूप से कुछ स्वस्थ तो अवश्य हुए किंतु भारत छोड़ने की पीड़ा उन्हें आजीवन सालती रही।

भारत से बिछड़ने की पीड़ा के साथ-साथ आगे चलकर उन्हें अपनी पत्नी ज़ाहिदा हिना से अलगाव की पीड़ा भी झेलनी पड़ी। यही नहीं अस्सी के दशक में उनके बड़े भाई रईस अमरोहवी का क़त्ल हो गया। भाई के क़त्ल ने उन्हें कभी न भरने वाला घाव दे दिया। निजी जीवन की निरंतर त्रासदियों ने उन्हें दुख के ऐसे दलदल में धकेल दिया था जहाँ से निकलना आसान भी नहीं था और वे स्वयं निकलना चाहते भी नहीं थे।

अपने दुखों को ज़ेवर की तरह पहने हुए अपनी शाइरी में ख़ून थूकते हुए, अपनी आंतरिक मृत्यु का जश्न मनाते हुए जौन एलिया 8 नवम्बर 2002 को इस दुनिया से कूच कर गए।

जौन एलिया का जिन

इरशाद ख़ान 'सिकन्दर'

राजपाल

₹ 275
ISBN : 9789393267474
पहला संस्करण : 2023, तीसरा संस्करण : 2026

JAUN ELIA KA JIN (Play) by Irshad Khan 'Sikandar'
मुद्रक : जी.एस. ऑफसेट, दिल्ली

राजपाल एण्ड सन्ज़
1590, मदरसा रोड, कश्मीरी गेट, दिल्ली-110006
फोन : 011-23869812, 23865483, 23867791
e-mail : sales@rajpalpublishing.com
www.rajpalpublishing.com
www.facebook.com/rajpalandsons

ज़िन्दा लोगों के नाम

आमुख

मौत के मैदान में ज़िन्दगी का खेल

हमारे इरशाद ख़ाँ आज से कोई बीस साल पहले, पहली बार मिले थे तो ऐसे, जैसे किसी परिंदे के ताज़ा-ताज़ा पैदा होने वाले बच्चे को अचानक बेरहम दुनिया के हवाले कर दिया गया हो। मगर उस वक़्त क्या मालूम था कि इस डरी-सहमी इंसानी मौजूदगी के पीछे न सिर्फ़ ये कि दुनिया पर हमला करने और जीतने के लिए इरादों, ख़यालों और जज़्बों की एक पूरी तरह हथियारबंद फ़ौज तैयार हो रही है, बल्कि तख़्लीक़ियत[1] का ऐसा जादुई सैलाब भी लहरें मार रहा है जो मौक़े और ज़रूरत के मुताबिक़ कोई चेहरा और कर्मक्षेत्र हासिल कर सकता है।

तब के इस एहसास ने पिछले 20 साल के दौरान सच होने की बहुत सी ज़मीनें और आसमान पैदा किये हैं जहाँ इरशाद ख़ाँ, 'सिकन्दर' के इज़ाफ़े[2] के साथ, कभी शाइर, कभी कहानीकार तो कभी अभिनेता और गीतकार होने के साथ-साथ और न जाने कितने पेशावराना हुनर दिखाते नज़र आते हैं। और अब वो एक भरे-पूरे नाटक के साथ हमारे सामने हैं।

जौन एलिया का जिन एक बनती हुई लोक कथा या लीजेंड का ड्रामाई रूपांतरण है, जो इस लिहाज़ से निहायत दिलचस्प और प्रयोगात्मक रंग-कर्म है कि यहाँ एक ज़िन्दगी के मिथक बनते जाने को, नाटक की शक्ल में एक नाटकीय आधार या आकृति देने की कोशिश की गयी है, कुछ इस तरह कि हमारे ज़माने में, हमारी आँखों के सामने, एक शख़्स की अपने ज़िन्दगी-नामे या जीवनी में से निकल कर कहानियों की दुनिया का किरदार बनने की छटपटाहट, ख़ुद एक नाटक की शक्ल हासिल करने के लिए ज़मीन तैयार कर रही है।

---

1. रचनात्मकता 2. वृद्धि

जौन एलिया एक उर्दू शाइर थे जो उत्तर प्रदेश के ज़िला मुरादाबाद के मशहूर क़स्बे अमरोहा में पैदा हुए और बँटवारे के कई साल बाद,जब वो अच्छी-ख़ासी उम्र गुज़ार चुके थे, पाकिस्तान चले गये, जहाँ ज़िन्दगी के आख़िरी दस बरसों के दौरान वो अपनी शाइरी से कहीं ज़ियादा अपनी ड्रामाई सरगर्मियों[3] की मदद से अचानक नुमायाँ[4] और मशहूर हो गए। धीरे-धीरे अपनी शदीद[5] तकलीफ़ के बारे में कहे गए अपने शे'रों और बयानों ने उन्हें जज़्बाती, रूमानी और नफ़्सियाती[6] तकलीफ़ों के अंधेरों में घिरे कच्ची उम्र के नौजवानों के लिए एक ऐसा किरदार बना दिया जिसकी गहरी मौत-पसंदी, अस्तित्ववादी नकारात्मकता और झल्लाहट ने उसमें एक उल्टी मसीहाई की चमक पैदा कर दी थी। फिर जौन एलिया आदमी होने को पीछे छोड़ते हुए एक अक्स बनते चले गए, और एक ऐसी ज़मीन बन गये जहाँ कहानियों की फ़स्ल उगाई जाती है।

नाटककार ने इस किरदार को उसकी क़ब्र में से उठाया है जो कराची (पाकिस्तान) के मशहूर क़ब्रिस्तान में हैं। ये क़ब्रिस्तान ही इस नाटक के किरदारों के खेल का मैदान है। पूरे नाटक पर एक गहरी सोगवारी[7] का रंग चढ़ा हुआ है और उसके पर्दे में से किसी नौहे[8] की दबी-दबी आवाज़ सुनाई पड़ती रहती है।

जौन का किरदार, उनके शे'रों, अपने बारे में उनके और दूसरों के बयानात और उनको एक ख़ास पहचान देने वाली कुछ प्रवृत्तियों, मसलन झल्लाहट और चिड़चिड़ापन वग़ैरह को एक तर्तीब[9] में रखकर तैयार किया गया है।

नाटक का सबसे नुमायाँ पहलू, उसके सेन्ट्रल कैरेक्टर[10] के साथ जिन की शक्ल में उसके काउंटर कैरेक्टर की ईजाद[11] है जो जौन एलिया के अवचेतन मन का ड्रामाई प्रतिनिधित्व करता है। इस जिन के किरदार में वो सब कुछ है जो जौन के किरदार में नहीं है यानी ये दोनों एक-दूसरे का प्रतिबिंब हैं, एक-दूसरे के पूरक। जिन को, नाटक में, जौन एलिया का ख़ानदानी जिन कहा गया है जिसके माध्यम से जौन के परिवार

3. गतिविधियों 4. प्रकट 5. तीव्र 6. मनोवैज्ञानिक 7. दुख की स्थिति 8. शोकगीत 9. क्रम 10. केन्द्रीय-पात्र 11. आविष्कार

के सदस्य एक मनोवैज्ञानिक सिलसिले की कड़ियाँ बन जाते हैं। नीत्शे ने अपनी किताब *बर्थ ऑफ़ ट्रैजेडी* में यूनानी नाटक के सन्दर्भ में, दो प्रवृत्तियों, अपोलोनियन (Apollonian) और डायोनिज़ियन (Dionynisian) का ज़िक्र किया है जिनमें से पहली प्रवृत्ति बुद्धि, विवेक और तार्किकता पर आधारित है तो दूसरी का आधार है तर्कहीन भावनात्मक तेज़ी, मदहोशी और पागलपन। ज़ाहिर है कि *जौन एलिया का जिन* का जिन पहली प्रवृत्ति की मिसाल है। पूरे नाटक में जौन और जिन के किरदार आपस में टकराव की हालत में नज़र आते हैं जिससे एक सुखद तनाव पैदा होता है। जौन और जिन के किरदारों के अलावा तीन क्लासिकी उर्दू शाइर, मीर तक़ी 'मीर', ग़ुलाम हमदानी 'मुसहफ़ी' और मिर्ज़ा असदुल्लाह ख़ाँ 'ग़ालिब' और मशहूर कहानीकार सआदत हसन मंटो को भी किरदार बनाया गया है। ये सब मेहमान रूहें हैं जिन्होंने कुछ देर के लिए जौन एलिया की मेहमान-नवाज़ी[12] क़ुबूल की है। ये किरदार आपस में टकराते भी हैं और मर्कज़ी-किरदार[13] को स्थापित करने में मदद भी देते हैं। ये एक तरह से कई ज़मानों/समय खण्डों, कई अस्तित्व-रंगों और कई आत्मकथात्मक अनुभूतियों के बीच संवाद हैं जिससे मौत के मैदान में होने वाले ज़िन्दगी के खेल को एक साहित्यिक सौंदर्यशास्त्रीय आयाम हासिल होता है।

नाटक का सबसे ताक़तवर पहलू उसकी भाषा है। तीन बड़े क्लासिकी शाइरों, ख़ुद कई भाषाएँ जानने वाले जौन एलिया और एक बड़े कहानीकार की, किरदारों के रूप में मौजूदगी, उर्दू ज़बान के धुले-मंझे रूप की माँग करती थी जिसे नाटककार ने बड़ी हद तक पूरा किया है। साहित्यिक उर्दू के साथ-साथ मुहावरेदार बोलचाल की ज़बान का इस्तेमाल नाटक को एक तहज़ीबी माहौल प्रदान करता है जिससे *तुग़लक़, छोटे सय्यद बड़े सय्यद, बेगम का तकिया* जैसे नाटकों की याद ताज़ा हो जाती है। नाटककार ने भाषा का हुस्न पैदा करने के साथ ही भावनात्मक संतुलन क़ायम रखने में भी पूरी तरह कामयाबी हासिल की है और किसी भी तरह के भावातिरेक या अतिनाटकीयता पैदा नहीं होने दी है जिसके मौक़े आसानी से हासिल किये जा सकते थे।

---

12. आतिथ्य 13. केन्द्रीय-पात्र

जौन एलिया का जिन शाइर जौन एलिया के निर्माणाधीन मिथक के साथ–साथ और उसके समानांतर अपना एक अलग नाटकीय मिथक तैयार करता नज़र आता है, जो तक़रीबन पूरे का पूरा भाषा के रचनात्मक और कलात्मक इस्तेमाल से मुमकिन हुआ है।

नाटक मंच पर खेले जाने से पहले तक एक बेजान जिस्म होता है मगर यह नाटक लफ़्ज़ों के जिस्म में भी एक ख़ास तरह की साँसों और धड़कनों से गर्मागर्म महसूस होता है। देखना यह है कि मंचन के बीच इसके ये जीवन–तंतु और कितने ज़िन्दा होते हैं।

14 दिसम्बर 2022 **—फ़रहत एहसास**

दिल्ली

भूमिका

लिख चुकने के बाद मैं इस पर ग़ौरो-फ़िक्र[1] करने लगा कि 'जौन एलिया का जिन' नाटक में मेरा योगदान क्या है? तभी राहत इंदौरी साहिब का ये शे'र याद आया।

मेरे कारोबार में सबने बड़ी इम्दाद[2] की
दाद लोगों की गला अपना ग़ज़ल उस्ताद की

इसमें कोई शक नहीं कि पूर्व 'एक्सिडेंटल' प्राइम मिनिस्टर डॉ. मनमोहन सिंह जी की तरह मैं 'एक्सिडेंटल' नाटककार हूँ। हूँ भी कि नहीं ये तो आप लोग नाटक पढ़ने के बाद बताएँगे। मैं तो ये बताना चाहता हूँ कि जौन साहिब की रचनाओं से मेरा पहला परिचय शायद सत्रह-अट्ठारह बरस पहले *लफ़्ज़* या *रसरंग* पत्रिका के माध्यम से हुआ था। लेकिन उनके जीवन के बारे में थोड़ी-बहुत जानकारी बहुत बाद में 'शायद'[3] के दीबाचे[4] को पढ़कर हासिल हुई। तब मुझे कहाँ इल्म था कि एक दिन मुझे उन पर नाटक लिखने के लिए मजबूर हो जाना पड़ेगा। मजबूर लफ़्ज़ मैंने जान-बूझकर इस्तेमाल किया है। ये तो जगविदित है कि सोशल मीडिया के द्वारा शाइरों में यदि कोई सर्वाधिक लोकप्रिय हुआ है तो वो निःसंदेह जौन एलिया साहिब हैं। ख़ासतौर से नौजवानों के दरमियान।

जौन साहिब के दीवानों में एक अच्छी-ख़ासी तादाद उन लोगों की भी है जो उर्दू नहीं जानते लेकिन मुझे जानते हैं। (हालाँकि मैं भी उर्दू कहाँ जानता हूँ) तो हुआ यूँ कि कुछ साथी जौन से मुताल्लिक़[5] सवाल अक्सर मुझसे पूछने लगे और मैं उनके जवाब खोजने के लिए जौन साहिब की या उनसे मुताल्लिक़ किताबें एकत्र करने लगा, इस क्रम में आहिस्ता-आहिस्ता

---

1. चिंतन 2. सहायता 3. जौन एलिया का पहला ग़ज़ल संग्रह 4. भूमिका 5. संबंधित

बहुत-सी किताबें इकट्ठा हो गयीं, और उन्हें पढ़ते-पढ़ते मेरी दिलचस्पी जौन में बढ़ने लगी। लेकिन ये दिलचस्पी ऐसी भी नहीं थी कि मैं उनका मुरीद हो जाऊँ या उनके नाम की माला जपने लगूँ मगर जौन के दीवाने न सिर्फ़ उनकी माला ही जप रहे थे बल्कि उनके नाम का डंका बजा रहे थे, जौन की सालगिरह या यौमे-वफ़ात[6] पर बड़े-बड़े प्रोग्राम का सिलसिला सा चल निकला, पोर्ट्रेट, कॉफ़ी मग, थैला, टी शर्ट सब पर जौन ही जौन। फ़ेसबुक पर जौन एलिया से मुताल्लिक़ पेजेज़ की बाढ़ सी आ गयी। सब उन्हें शाइरी का रॉक स्टार कहने लगे, हद तो तब हो गयी कि जौन के कुछ दीवानों को मेरे अंदर जौन की झलक दिखने लगी।

मुझसे दिल्ली/मुम्बई के कुछ मित्रों के द्वारा तक़ाज़ा[7] किया जाने लगा कि मैं जौन साहिब पर एक विस्तृत मज़्मून[8] उर्दू न जानने वाले पाठकों के लिए लिख दूँ। ये तक़ाज़ा बढ़ता गया और मैं मज़्मून लिखने के बजाय फ़रार होने के रास्ते ढूँढ़ने लगा लेकिन फ़रार होने की जितनी कोशिश करता उतना ही गिरफ़्तार होता चला जाता।

अंततः एक दिन बरसात के मौसम में जबकि मैं मुम्बई में अपने एक दोस्त के फ़्लैट में अकेला बंद था और मूसलाधार बारिश के कारण कहीं आने-जाने की स्थिति में नहीं था तो सोचना शुरू किया कि अगर जौन साहिब पर आर्टिकल लिखा जाए तो क्या लिखा जाए? फिर ये ख़याल आया कि चूँकि जौन साहिब नौजवानी में थियेटर किया करते थे, तो यूँ करेंगे कि बात अमरोहा और थियेटर से शुरू करेंगे और उनकी पैदाइश, घर का माहौल, तालीम, पाकिस्तान जाना, फिर वहाँ उनकी बीमारी, इलाज, शादी, तलाक़, शाइरी, मृत्यु आदि सभी पहलू का थोड़ा-थोड़ा ज़िक्र हो जाएगा, इस तरह एक बेसिक सा मज़्मून तैयार हो जाएगा यानी मैंने फ़रार होने का रास्ता खोज लिया था लेकिन अभी फ़रार होना मुमकिन कहाँ था। फ़ौरन अंदर के शाइर ने कहा, क्या से ज़ियादा इस पर सोचो कि कैसे लिखा जाए? बात साफ़ थी, शाइर रिवायती[9] मज़्मून नहीं चाहता था।

आख़िरकार शाइर की बात पर ग़ौर करते हुए मैंने लैपटॉप उठाया (पहले मैं लिखने के लिए क़लम काग़ज़ उठाता था मगर अब लैपटॉप ही

---

6. बरसी 7. माँग 8. लेख 9. पारंपरिक

उठाता हूँ) और नाटकीय अंदाज़ में मज़्मून लिखने का इरादा किया। बस यहीं से 'जौन एलिया का जिन' लिखने की शुरुआत हुई। पहले-पहल मैंने ऐसा क़तई नहीं सोचा था कि ये मज़्मून नाटक की दिशा में चल पड़ेगा लेकिन ज्यों ही एक पैराग्राफ़ लिखा, दिशा तय हो गयी। दिशा तय होते ही अपने अध्ययन का चिराग़ लेकर लगभग पंद्रह दिनों के भीतर ही मैंने नाटक का पहला ड्राफ़्ट पूरा कर दिया। जौन के जुमले, उनके दोस्तों से सुने वाक़ेआत, कुछ किताबें मेरा टूल बनीं और चतुराई से कॉपी पेस्ट किया हुआ ये काम मुझे इत्तेफ़ाक़न,[10] मशहूर रंगकर्मी और मेरे बुज़ुर्ग दोस्त रंजीत कपूर साहिब को भेजना पड़ा और कमाल ये हुआ कि रंजीत साहिब को काम इतना पसंद आ गया कि उन्होंने फ़ोन पर ही मुझसे वादा ले लिया कि इसे मैं किसी और को न दूँ और वो जल्द-अज़-जल्द दिल्ली पहुँचकर इस नाटक को करना चाहेंगे। ऐसा ही हुआ भी, रंजीत साहिब दिल्ली पहुँचे, नाटक की रिहर्सल शुरू हुई, 4 अप्रैल 2020 को मंचन के लिए LTG (लिटिल थियेटर ग्रुप) सभागार मंडी हाउस बुक किया गया लेकिन तभी कोविड महामारी ने सारी दुनिया की रफ़्तार में ब्रेक लगा दी।

सो नाटक मंचित होते-होते रह गया।

अब इस नाटक का दूसरा सफ़र शुरू हुआ। मैं एक रोज़ ख़ाली बैठा-बैठा दोबारा नाटक की स्क्रिप्ट पढ़ने लगा, तभी जौन साहिब का स्टेज पर कहा गया वो जुमला याद आया, "ग़ालिब पच्चीस शे'रों का शाइर है।" इसके साथ ही ग़ालिब के 'परस्तार'[11] मंटो की बात याद आई कि "समझ में नहीं आता कि लोग शाइरी क्यों करते हैं? यार ग़ालिब के बाद तो किसी को शाइरी करने का हक़ ही नहीं है।" मंटो ग़ालिब के परस्तार थे, तो जौन, मीर और मुसहफ़ी के परस्तार! मेरी ख़्वाहिशें बढ़ने लगीं, जी में आया अगर नाटक में ये सब लोग भी यानी मीर, मुसहफ़ी, ग़ालिब, मंटो किरदार के रूप में आ जाएँ तो क्या ही लुत्फ़ पैदा हो। अब यहाँ से मीर, मुसहफ़ी, ग़ालिब, मंटो से मुताल्लिक़ किताबों का पुन: अध्ययन शुरू हुआ और अपने नाटक के लिए ज़रूरी हिस्से कॉपी किये जाने लगे।

जौन से मुताल्लिक़ किताबें दुबारा पढ़नी शुरू कीं। पाकिस्तान के कई

---

10. संयोगवश 11. भक्त

दोस्तों से संपर्क किया उनमें से कुछ ने मेरी मदद की तो कुछ ने मदद का वादा किया। भाई ख़ालिद अहमद अंसारी ने फ़ोन पर जौन से मुताल्लिक़ कई ऐसे सवालों के जवाब दिए, जो मेरे नाटक के लिए बहुत काम आये। मैं उनका तहे-दिल से शुक्रगुज़ार हूँ। कनाडा से शाइर रफ़ी रज़ा साहिब ने मेरी ज़रूरत की किताब स्कैन करवाकर भेजी, मैं उनका भी एहसानमंद हूँ।

अब आप भी समझ गए होंगे कि शुरुआत में मैंने राहत साहिब का शे'र क्यों सुनाया था।

इस नाटक के लिखे जाने में न जाने कितने लोगों की इम्दाद शामिल है, बरसों से सुने इतने वाक़ेआत हैं कि मुझे सुनाने वालों के नाम तक याद नहीं, बल्कि चंद किताबें जिनके नाम मुझे याद आ रहे हैं। मैं उनकी फ़ेहरिस्त दिए दे रहा हूँ। हाँ, इस नाटक से मुताल्लिक़ आख़िरी बात यह बताता चलूँ कि पहला ड्राफ़्ट 15 दिन में लिखा गया था लेकिन उसके बाद से अब तक लगभग तीन साल होने को आये और इसमें जोड़-घटाव का सिलसिला जारी है और मुझे मालूम भी नहीं कि कब तक जारी रहेगा यक़ीनन मेरी कमइल्मी[12] के कारण इसमें कुछ ग़लतियाँ भी होंगी, आप मुझे सुझायेंगे तो मैं उन्हें ठीक करने का प्रयास करूँगा। अंत में मैं मुहतरम फ़रहत एहसास साहब का तहे-दिल से शुक्रगुज़ार हूँ कि उन्होंने इस नाटक का प्रीफ़ेस लिखकर मेरी इज़्ज़त में इज़ाफ़ा किया और मीरा जौहरी जी का हार्दिक आभार जो इस नाटक को प्रकाश में ला रही हैं अर्थात् प्रकाशित कर रही हैं।

15 नवम्बर 2022

—इरशाद ख़ान 'सिकन्दर'

12. अल्पज्ञान

जौन एलिया का जिन

किरदार

- जौन एलिया
- ज़ालिमीन जिन
- माँ
- भाभी
- मीर तक़ी 'मीर'
- ग़ुलाम हमदानी 'मुसहफ़ी'
- मिर्ज़ा असद अल्लाह ख़ान 'ग़ालिब'
- सआदत हसन 'मंटो'
- शाहाना एलिया
- रक़्क़ासा

पहला मंज़र[1]

❖

मक़ाम[2] : क़ब्रिस्तान

किरदार : जौन एलिया, ज़ालिमीन जिन, रक़्क़ासा

ग़ज़ल के म्यूज़िक के साथ धीरे-धीरे परदा खुलता है। एक सफ़ेदपोश[3] रक़्क़ासा[4] रक़्स[5] शुरू करती है। पसमंज़र[6] में जौन एलिया की ग़ज़ल **'आप अपना ग़ुबार थे हम तो'** के गाने की आवाज़ गूँज रही है। रक़्क़ासा बोल के हिसाब से अपनी अदाकारी और रक़्स के जौहर[7] दिखाती है। स्टेज पर एक तख़्त है जो उल्टा है। उसके चारों पाए ऊपर की ओर हैं। तख़्त का रंग संगमरमर जैसा है। तख़्त के दरमियान जौन एलिया मुर्दे की तरह सोये हुए हैं। तख़्त के सिरहाने की तरफ़ एक तख़्ती लगी हुई है। जिस पर उर्दू में लिखा हुआ है—

जौन एलिया

वल्द

सय्यद शफ़ीक़ हसन एलिया

पैदाइश - 14 दिसम्बर 1931, वफ़ात - 8 नवम्बर 2002

---

1. दृश्य 2. स्थान 3. सफ़ेद वस्त्र पहने हुए 4. नृत्यांगना 5. नृत्य 6. नेपथ्य 7. कौशल

मैं भी बहुत अजीब हूँ इतना अजीब हूँ कि बस
ख़ुद को तबाह कर लिया और मलाल भी नहीं

ये तख़्त दरअस्ल जौन एलिया की क़ब्र की नक़्ल है। '**लम्हे-लम्हे-पे बार[1] थे हम तो**' इस मिसरे के साथ रक़्क़ासा विंग की तरफ़ बढ़ती जाती है। ग़ज़ल की आवाज़ फ़ेडआउट होती है। और कुत्ते के भौंकने की आवाज़ तेज़ हो जाती है। जौन हड़बड़ाकर उठते हैं और आवाज़ की तरफ़ मुँह करके डाँटते हैं।

---

1. बोझ

❖

जौन : चुप कर मनहूस। सुन्नी है क्या तू? यहाँ क्यों भौंक रहा है? जाके वहाँ भौंक...वहाँ ओबैदुल्लाह अलीम[1] की क़ब्र पे...मैं तो बाद में सोया हूँ वो मुझसे पहले से सो रहा है उसे जगा...उसके कान खा। *(फिर कुछ सोचते हुए)* नहीं नहीं...एक मिनट ठहर, वहाँ भौंकना दुरुस्त नहीं...उसे सोने दे...वो मेरा यार है हमने साथ-साथ आवारागर्दियाँ की हैं। एक काम कर, तू जाके वहाँ भौंक जो ताज़िन्दगी मुझ पर भौंकते रहे...। याद रखियो, तू कुत्ता है कोई आदमी नहीं...। *(बड़बड़ाते हुए)*

है आख़िर आदमीयत भी कोई शय
तिरे दरबान तो बुलडॉग निकले

(कुत्ते के भौंकने की आवाज़ बन्द हो जाती है। जौन पलटते हैं इधर-उधर देखते हैं। कुछ ढूँढने लगते हैं। फिर ग़ालिब का शे'र गुनगुनाते हैं।)

जौन : **हम वहाँ हैं जहाँ से हमको भी,**
कुछ हमारी ख़बर नहीं आती...कुछ हमारी...

(फिर कुछ सोचते हुए अपने आप से कहते हैं)

---

1. प्रसिद्ध पाकिस्तानी शाइर एवं जौन एलिया के मित्र

जौन : वैसे एक बात है मियाँ जौन! ग़ालिब है तो दरअसल पच्चीस शे'रों का ही शाइर, लेकिन वो पच्चीस शे'र बाकमाल[1] हैं...बेमिसाल हैं...कोई जवाब नहीं उनका...उसके आगे तुम तो कुछ भी नहीं...तुम शाइर ही नहीं...शाइर तो ग़ालिब है ग़ालिब। बस...

(जौन इसके बाद अपना ही शे'र गुनगुनाते हुए अपनी डायरी ढूँढते हैं)

जौन : **शाइर तो दो हैं मीर तक़ी और मीर जौन**
बाक़ी जो हैं वो शामो-सहर ख़ैरियत से हैं...

(उन्हें अपने सिरहाने पड़ी डायरी मिल जाती है वो डायरी में कुछ लिखने की कोशिश करते हैं लेकिन क़लम चल नहीं रहा है।)

जौन : मरदूद इस क़लम को क्या हुआ...मियाँ ये क़लम है कि पाकिस्तानी हुकूमत?...चलने को ही राज़ी नहीं।

(क़लम फिर भी नहीं चलता। जौन ग़ुस्से में क़लम फेंक देते हैं। क़लम जिस तरफ़ फेंकते हैं उधर से माउथ ऑर्गन बजाता हुआ एक सूटेड-बूटेड जिन नुमूदार[2] होता है। जिन पूरी तरह रौशनी में है। जौन एक बार उसकी तरफ़ देखते हैं, फिर घबराकर मुँह दूसरी तरफ़ फेरकर बोलते हैं...)

जौन : मियाँ...परे हटो...मेरे नज़दीक मत आओ...और दूर ही से ये बताओ कि तुम हो कौन? और ये चराग़ों की दुकान लिए मेरे सर पर क्यों सवार हुए?

जिन : *(जिन माउथ ऑर्गन अपनी जेब में रखते हुए)* माय

---

1. उच्च स्तरीय 2. प्रकट

नेम इज़ ज़ालिमीन हुज़ूर। ज़ालिमीन जिन।

जौन : तुम जिन हो कि दिन हो?

जिन : मैं जिन हूँ।

जौन : वो तो मैं हूँ।

जिन : नहीं हुज़ूर! जिन तो मैं हूँ...और वो भी आपका ख़ानदानी जिन। अमरोहे से आया हूँ आपके ननिहाल से...याद कीजिए।

जौन : *(हैरत से)* तो फिर मैं कौन हूँ?

जिन : आप जौन एलिया हैं मीलॉर्ड। याद है एक रोज़ आपने मुझसे कहा था।

मैं जो हूँ जौन एलिया हूँ जनाब
इसका बेहद लिहाज़ कीजियेगा

जौन : अच्छा?

जिन : जी हुज़ूर! और तभी से मैं आपका बेहद लिहाज़ करता हूँ।

जौन : यानी, पहले तुम मेरा लिहाज़ नहीं करते थे?

जिन : जी नहीं हुज़ूर! क्योंकि पहले आप मेरे लिए बच्चे थे। जौन एलिया नहीं...। मैंने आपको गोद में खिलाया है मीलॉर्ड! *(एक्टिंग करके बताता है)* ऐसे... पुलू लू...लू...लू...। हुज़ूर जब आप बच्चे थे ना, तब आपकी मेमोरी कमाल की थी।

(कहते-कहते ज़ालिमीन जौन के नज़दीक आता है)

जौन : *(झल्लाते हुए)*

बहुत नज़दीक आते जा रहे हो,
बिछड़ने का इरादा कर लिया क्या?

दूर से बात करो।

जिन : *(पीछे होते हुए)* जो हुक्म मीलॉर्ड!

जौन : अच्छा एक बात बताओ... ? मियाँ क्या तुम अपनी ये रौशनी कम कर सकते हो? मेरी तरह नीम तारीकी[1] में आ सकते हो?

जिन : हुज़ूर मैं जिन हूँ। कोई लालटेन नहीं। फिर भी आपका हुक्म है तो ठहरिये कोशिश करता हूँ।

जौन : कोशिश नहीं इसे करके दिखाओ...तुमने बताया तुम जिन हो...ज़ालिमीन जिन! तुम कुछ भी कर सकते हो...तुम्हें पहले ही रौशनी से परहेज़ करना चाहिए था...तुम्हें पता है? आज तक इस दुनिया का सबसे ज़ियादा नुक़सान इन रौशनियों ने ही किया है...इन ज़ालिम रौशनियों के सबब[2] ही न जाने कितनी तहज़ीबें[3] तबाह हो गयीं...। अँधेरा बहुत अच्छी शय है ये किसी को कोई नुक़सान नहीं पहुँचाता... ये मासूम है...बिल्कुल मेरी तरह।

(जिन एक्ट के ज़रिये अपनी रौशनी थोड़ी कम करता है)

जिन : रौशनी अब इससे ज़ियादा कम नहीं हो सकती मीलॉर्ड...आई एम सॉरी।

जौन : क्यों नहीं हो सकती?

जिन : क्योंकि हुज़ूर! ख़ुदा ने मुझे आग से क्रियेट किया है। ये मेरी रौशनी नहीं आग की रौशनी है।

---

1. मद्धम अँधेरे की स्थिति 2. कारण 3. संस्कृतियाँ

जौन : अज़ाबन्नार[1]! ये आग की रौशनी है कि अज़ाब[2] की रौशनी है? बहरहाल ये भी बहुत ज़ियादा है, रौशनियाँ मेरी दुश्मन हैं। मैं रौशनियों के सबब ही तबाहो-बरबाद हो गया। ठहरो, मैं अपनी आँखों ही पर अँधेरा किये लेता हूँ... ।

(जौन ढूँढकर अपना काला चश्मा लगाते हैं)

जौन : अब ठीक है...अब बताओ तुम क्या कह रहे थे?... वो मेरा बचपन, मेरी मेमोरी....ख़ैर इसे अभी छोड़ो, जानी पहले ये बताओ तुम हो कौन?

जिन : ज़ालिमीन जिन हूँ हुज़ूर अभी तो बताया था आपको।

जौन : दोबारा बताओ, जितनी मर्तबा पूछा जाए उतनी मर्तबा जवाब दो...।

मैं कौन हूँ? क्या मैं अलादीन हूँ? और मेरे पास कोई चिराग़ है जिसे घिसकर मैंने तुम्हें यहाँ बुला लिया है?

जिन : नहीं हुज़ूर आप अलादीन नहीं हैं आप जौन एलिया हैं। सय्यद जौन असग़र एलिया अमरोहे वाले। बात ये है हुज़ूर कि आप जब-जब अपने ज़हनो-दिल के चराग़ घिसते हैं मैं नुमूदार[3] हो जाता हूँ!

जौन : अच्छा? जानी इससे पहले तुम कब नुमूदार हुए थे?

जिन : उस वक़्त आप सराए-फ़ानी[4] में थे हुज़ूर ...ज़िन्दा।

जौन : अच्छा? मैं ज़िन्दा भी था कभी? यानी अब मर चुका हूँ? कब मरा मैं?

---

1. यातना की आग 2. यातना 3. प्रकट 4. नश्वर संसार

जिन : हुज़ूर यूँ तो आप रहती दुनिया तक कभी मर नहीं सकते। लेकिन आपका जिस्मानी इंतिक़ाल 8 नवम्बर 2002 को हुआ था।

जौन : और मैं पैदा कब हुआ था?

जिन : 14 दिसम्बर 1931 को हुज़ूर!

जौन : ग़लत...बिलकुल ग़लत! तुम झूठ बक रहे हो। तुम्हारी बात सिरे से ग़लत है।

जिन : वो कैसे मीलॉर्ड?

जौन : मियाँ सच बात तो ये है कि मेरी पैदाइश की अस्ल तारीख़ 8 नवम्बर 2002 है। 14 दिसम्बर 1931 नहीं। आई बात समझ में?...और सुनो 14 दिसम्बर 1931 तो मेरे इंतिक़ाल की तारीख़ है...मेरी पहली मौत की तारीख़। पहली मौत इसलिए कि उसके बाद भी मैं कई-कई मर्तबा मरा हूँ...। तुम्हें इल्म होना चाहिए,मैं उस वक़्त भी मरा था जब किसी की चाह में तमाँचे खाए थे, वो भी आठ बरस की उम्र में, लेकिन वो कमबख़्त मेरा गाल सहलाने भी न आई और मैं उसकी तलाश में न जाने किस-किसको तलाशता रहा, लेकिन तलाश पूरी न हो सकी। हाँ, उन तमाँचों की सुर्ख़ी अब तक मेरे रुख़सार[1] पर क़ाबिज़[2] है। *(ज़रा ठहरकर)*...और वो, अमरोहे की वो क़त्ताला[3]! परी बेगम! कमबख़्त उसके इश्क़ में सैकड़ों शे'र मैंने कहे और मुझसे सुन-सुनकर सारे शे'र उसने अपने आशिक़ को सुनाये...मेरे रक़ीब[4]

---

1. गाल 2. विद्यमान 3. प्रेमिका 4. प्रेमिका का प्रेमी

के अमरूदों ने मेरे बाग़े-दिल को उजाड़ दिया
आख़िरकार मेरे हिस्से आई तो बस एक सर्द आह!

इक हुस्ने-बेमिसाल की तमसील[1] के लिए
परछाइयों पे रंग गिराता रहा हूँ मैं...

(ज़रा ठहरकर)

जानी मरा तो मैं 30 दिसम्बर 1956 को भी था, जब मैंने अमरोहा छोड़ा, अपने माशूक़ों की गलियाँ छोड़ीं, अम्माँ-बाबा की दहलीज़ छोड़ी, अपना हिन्दुस्तान छोड़ा...जिसे छोड़ने के बाद मैं मुकम्मल तौर पे हिन्दुस्तानी हो गया। हाय मेरा अमरोहा, वो मुरादाबाद का रेलवे स्टेशन, वो मेरे हमवतन[2] मेरे अपने लोग...

अंजुमन की उदास आँखों से
आँसुओं का पयाम कह देना
मुझको पहुँचा के लौटने वालो
सबको मेरा सलाम कह देना

(ज़रा ठहरकर)

ज़ालिमीन, जानी...।

जिन : यस मीलॉर्ड?

जौन : वो भाई के क़त्ल का दिन तुम्हें याद है ना, 22 सितम्बर 1988[3] ?

जिन : जी याद है हुज़ूर!

---

1. उपमा 2. देशवासी 3. इसी दिन जौन एलिया के बड़े भाई रईस अमरोहवी की अज्ञात लोगों ने गोली मारकर हत्या कर दी थी।

जौन : जानते हो ज़ालिमीन, उस रोज़ भाई रईस का क़त्ल नहीं हुआ था। मेरा क़त्ल हुआ था। दफ़्तर के फ़र्श पर भाई का ख़ून नहीं था वो मेरा ख़ून था...गोली भाई के सर में नहीं मारी गयी थी, मेरे सीने में उतारी गयी थी...उस रोज़ भाई क़ब्र में दफ़्न नहीं हुए थे। मैं हुआ था मैं...और वो...वो दिन याद है तुम्हें जब मेरी बीवी...मेरे बच्चों ने मुझे अपनी ज़िन्दगी से बेदख़ल कर दिया था। *(रोते हुए)* बेटी फ़ैनी[1] तेरी शादी की ख़बर भी मुझे किसी और से मिली...'**यही होता है ख़ानदान में क्या**'। ज़ालिमीन...

जिन : जी हुज़ूर!

जौन : ज़ाहिदा[2] से कहना अपना बक्सा उठाये उस रोज़ तुम्हारे घर से मैं नहीं निकला था मेरी लाश निकली थी जो अलिफ़ 129[3] में आकर बस गयी थी। फिर कराची से लेकर दुबई की सड़कों तक हाथ हिलाते हुए फिरती रही जाने कब तक...और मेरा एक और क़त्ल उस वक़्त भी हुआ था,जब मेरा कलाम[4] शाया[5] हुआ, मेरी किताब 'शायद'[6] मंज़रे-आम पर आई। ज़ालिमीन, मुझे कोई हक़ नहीं था अपना कलाम शाया करवाने का। शाया होने का पहला हक़ मेरे बाबा अल्लामा शफ़ीक़ हसन एलिया[7] का था...मुझे

---

1. जौन एलिया की बेटी फ़ैनाना एलिया 2. ज़ाहिदा हिना : जौन एलिया की पत्नी एवं प्रसिद्ध पाकिस्तानी लेखिका जिनसे संबंध-विच्छेद का दुख जौन को मरते दम तक रहा। 3. जौन एलिया के घर का पता 4. रचना 5. प्रकाशित 6. जौन एलिया का पहला काव्य संग्रह 7. जौन एलिया अपने पहले काव्य संग्रह की भूमिका में बताते हैं कि उन्होंने अपने पिता से बचपन में वादा किया था कि बड़े होकर वो उनकी पुस्तकें प्रकाशित करवाएँगे लेकिन जब वो बड़े हुए तब तक दुर्भाग्य से पांडुलिपियाँ सुरक्षित नहीं रह पाईं जिसका उन्हें अत्यंत दुख रहा।

मुआफ़ कर दीजिये बाबा, मैं कभी बड़ा हो ही नहीं पाया...मैं वादा वफ़ा नहीं कर पाया...।

जिन : इसमें आपका कोई क़ुसूर नहीं है हुज़ूर, मैं सारे हालात से वाक़िफ़[1] रहा हूँ।

जौन : ज़ालिमीन! तुम हमारे ख़ानदानी जिन हो। एक मुद्दत से हमारे साथ हो। क्या तुम बता सकते हो कि जौन एलिया कौन है?

जिन : जी हुज़ूर।

जौन : तो बताओ।

जिन : *(संजीदा[2] लहजे में)* जौन एलिया एक मुकम्मल उदासी मुसलसल मौत का नाम है हुज़ूर! जो लम्हा-ब-लम्हा[3] रोज़-ब-रोज़[4] होती तो है पर दिखाई नहीं देती ।

जौन : बिलकुल सही कहा तुमने। तुम्हारे इस जवाब ने साबित कर दिया कि तुम हमारे ही ख़ानदान से तअल्लुक़ रखते हो। हमारे यहाँ पुश्तों से एक रिवायत चली आ रही है कि हमारे ख़ानदान का कोई शख़्स बेवक़ूफ़, अहमक़[5], कम पढ़ा-लिखा, जाहिल[6] नहीं हो सकता और अगर होगा तो मैं उसे अपने ख़ानदान से आक़[7] कर दूँगा और कहूँगा कि ये मेरे ख़ानदान से नहीं। *(थोड़ा रुककर)* मेरा एक काम करोगे?

जिन : जी हुज़ूर क्यों नहीं? मेरा तो काम ही है आपके काम करना।

---

1. जानकार 2. गंभीर 3. प्रति क्षण 4. प्रतिदिन 5.मूर्ख 6. अज्ञानी 7. बहिष्कृत

जौन : एक अद्धा ला दो यार...।

जिन : अभी लाया हुज़ूर। कौन सा ब्रांड पसन्द फ़रमायेंगे ?

जौन : कुछ भी ले आओ मियाँ ज़हर का ब्रांड क्या देखना।

जिन : जैसी आपकी मर्ज़ी। *(चुटकी बजाते हुए)* मैं यूँ गया और यूँ आया।

जौन : और सुनो सिगरेट भी ले आना छोटी कैप्सटन...।

जिन : जो हुक्म मीलॉर्ड... *(कहकर माउथ ऑर्गन बजाता हुआ चला जाता है)*

जौन : *(ख़ुदकलामी)*

तेरा फ़िराक[1] जाने जाँ ऐश था क्या मेरे लिए
यानी तेरे फ़िराक़ में ख़ूब शराब पी गयी

(छाती पीट-पीटकर रोते हैं)

ये मुझे चैन क्यों नहीं पड़ता
एक ही शख़्स था जहान में क्या

(मंज़र ख़त्म)

---

1. जुदाई

दूसरा मंज़र

❖

मक़ाम : क़ब्रिस्तान

किरदार : जौन एलिया, भाभी, माँ

इस मंज़र में जौन अपनी क़ब्र यानी उलटे हुए तख़्त को घूम-घूमकर हैरत से देखते हैं।

❖

जौन : मेरा कोई घर नहीं है। ग़ालिब का घर था, इक़बाल का घर था, फ़ैज़ का घर था, मेरा कोई घर नहीं है... जबकि मैंने ज़िन्दगी को उन सबसे ज़ियादा भुगता है।[1]

(रुककर)

कौन इस घर की देखभाल करे
रोज़ इक चीज़ टूट जाती है।

मियाँ समझ में नहीं आता ये तख़्तापलट कैसे हो गया? अगर मेरी क़ब्र अमरोहे में होती तो ये कभी न होता। लेकिन ये अमरोहा नहीं पाकिस्तान है। यहाँ तो यही होता है। मियाँ कभी-कभी तो सवाल उठता है कि इस सरज़मीन को पाकिस्तान कहूँ कि क़ब्रिस्तान?...ख़ैर ये भी कम बड़ी बात नहीं कि अभी **'सर से पा तक बदन सलामत है'**। वरना लोग इतने मादरचो...हैं कि पायें तो क़ब्र के मुर्दे भी उखाड़ ले जायें...।

(जौन तख़्त सीधा करने के बाद एक शे'र पढ़ते हुए तख़्त पर लेट जाते हैं)

---

1. जौन एलिया अपने अंत समय में इसी तरह की बातें किया करते थे।

मुस्तक़िल[1] बोलता ही रहता हूँ
कितना ख़ामोश हूँ मैं अन्दर से

(जौन ख़ामोश हो जाते हैं स्टेज पर धीरे-धीरे जौन की माँ आती हैं)

माँ : उठो जौन...उठो मैं तुम्हें एक कहानी सुनाती हूँ।

(जौन आहिस्ता-आहिस्ता उठते हैं और माँ के बदरंग चेहरे को ग़ौर से देखते हैं)

माँ : जौन सुनो! एक नवाब था। उसकी दो लड़कियाँ थीं। एक लड़की बिलकुल अंग्रेज़ों जैसी थी। उसके बाल सोने जैसे थे। इसलिए उसका नाम सोना था। दूसरी का नाम चाँदी था। नवाब का एक बेटा भी था जिसका दिल सोना पर आ गया था और वो सोना से शादी करना चाहता था। लिहाज़ा हुआ यूँ कि नवाब ने अपने बेटे की बात मानकर शादी तय कर दी। शादी का दिन नज़दीक आ गया। सारी तैयारियाँ शुरू हो गयीं। मेवे, मिठाई, पकवान बनने लगे। सोना को नहलाने के लिए पानी गर्म किया जाने लगा।

सब कुछ हो रहा था लेकिन किसी ने ज़रा भी सोना की मर्ज़ी जानना ज़रूरी न समझा। नतीजतन सोना का सीना ग़ुस्से से दहकने लगा वो उसी हालत में चंदन के पेड़ पर चढ़ गयी। और उसने ऐलान कर दिया कि वो हरगिज़...हरगिज़ अपने भाई से शादी नहीं करेगी। पल भर में ही सारा मंज़र अफ़रा-तफ़री में तब्दील हो गया। सब परेशान हो गये और सोना

---

1. निरंतर

की ख़ुशामद करने लगे कि वो पेड़ से उतर आये। सबसे पहले नवाब आया उसने कहा—

''उतर आ, उतर आ सोना मेरी, पानी ठण्डा हो रहा है।''

सोना ने जवाब दिया—पहले तो तुम मेरे बाबा थे अब मेरे ससुर हो। चंदन पेड़ तू बढ़ क्यों नहीं जाता और चंदन का पेड़ ऊँचा हो गया। बाप के बाद माँ आई, उसने कहा—''उतर आ, उतर आ सोना मेरी, पानी ठण्डा हो रहा है।''

सोना ने जवाब दिया—पहले तो तुम मेरी अम्मा थीं अब सास हो। चंदन पेड़ तू बढ़ क्यों नहीं जाता। चंदन का पेड़ और ऊँचा हो गया। माँ के बाद उसको मनाने छोटा भाई आया—

''उतर आ, उतर आ सोना मेरी, पानी ठण्डा हो रहा है।''

सोना ने छोटे भाई को भी यही जवाब दिया—पहले तो तू मेरा भाई था अब तो मेरा देवर है। चंदन पेड़ तू बढ़ क्यों नहीं जाता। चंदन का पेड़ और भी ऊँचा हो गया।

फिर उसकी प्यारी बहन चाँदी आई और रो-रोकर कहने लगी—

''उतर आ, उतर आ सोना मेरी, पानी ठण्डा हो रहा है।''

सोना ने रोते-रोते जवाब दिया—पहले तो तू मेरी बहन थी अब ननद है। चंदन पेड़ तू बढ़ क्यों नहीं

जाता। चंदन का पेड़ बहुत ऊँचा हो गया।

आख़िर में उसका भाई आया जिससे उसकी शादी होने वाली थी उसने प्यार से कहा—

''उतर आ, उतर आ सोना मेरी, पानी ठण्डा हो रहा है।''

सोना ने नफ़रत से मुँह फेरकर जवाब दिया—पहले तो तू मेरा भाई था अब शौहर है। चंदन पेड़ तू फट क्यों नहीं जाता। इतना सुनते ही चंदन का पेड़ फट गया और सोना उसमें समा गयी।

(ये कहकर माँ ख़ूब ज़ोर से हँसती और ये कहती हुई चली जाती हैं।)[1]

माँ : लेकिन ये कहानी एक झूठी कहानी है...हक़ीक़त में कोई चंदन का पेड़ हम जैसियों का साथ नहीं देता...।

(माँ को जाते हुए जौन हैरत से देखते हैं। माँ जिधर गयी थीं उधर ही से जौन की भाभी आती हैं जौन बुदबुदाते हैं।)

जौन : **यादें हैं या बलवा हैं**
चलते हैं चाक़ू मुझमें

(भाभी से) बू बू[2] ये अम्माँ क्या कह रही हैं और इतने ग़ुस्से में क्यों हैं?

---

1. जौन एलिया की भतीजी शाहाना एलिया द्वारा लिखित किताब 'चचा जौन' के मुताबिक़ जौन एलिया की माँ अक्सर ये क़िस्सा सुनाया करती थीं जिसे संभवतः उन्होंने ख़ुद ही गढ़ा था। 2. जौन के बड़े भाई रईस अमरोहवी की शादी उनकी चचेरी बहन से हुई थी इसलिए जौन अपनी भाभी को बू बू कहकर ही संबोधित करते थे, बू बू अर्थात् बड़ी बहन

भाभी : जौन एक ग़ुस्सा ही तो अमानत रह गया है उनकी। और बचा क्या है उनके पास? जौन! क्यों एक शायराना मिज़ाज ख़ूबसूरत ज़हीन लड़की की शादी उसके ही बहनोई से कर दी गयी? लम्हे भर को तुम सोचकर देखो कि क्यों तुम्हारी बड़ी अम्मा ने अपनी बहन की शादी तुम्हारे बाबा शफ़ीक़ हसन एलिया से करवाई? इसलिए कि वो ख़ुद बेऔलाद थीं? और नहीं चाहती थीं कि किसी और घर की लड़की उस घर में आये। चलो करवाई तो करवाई दो सगी बहनें आपस में देवरानी जेठानी बन गयीं। लेकिन ये क्या कि वही देवरानी साल भर के अन्दर जब बीमारी से मर गयी तो तुम्हारी बड़ी अम्मा ने फिर अपनी दूसरी बहन को देवरानी बना लिया। और वो भी उसकी मर्ज़ी जाने बग़ैर। ये कोई मज़ाक़ हो रहा था क्या? तुम्हें मालूम है जौन, हम औरतों के लिए बहनोई भाई का दर्जा रखता है। तुम्हारी अम्मा नर्जिस[1] ने तुम्हारे बाबा अल्लामा सय्यद शफ़ीक़ हसन एलिया से शादी तो कर ली लेकिन उन्हें मुआफ़ नहीं किया ज़िन्दगी भर। जैसे कि मैंने तुम्हें मुआफ़ नहीं किया है जौन, तुमने भी तो अपने आख़िरी दिनों में गुनाहे-अज़ीम[2] किया। अपने भाई की क़त्लगाह को बेचने का गुनाह। वो भाई जिसके क़त्ल के बाद तुम्हारी सबसे ज़ियादा ज़िम्मेदारी बनती थी, और तुम्हीं मामूली ज़ेहनी सतह पर उतर आये? तुम इतने बुरे कैसे हो सकते हो जौन?

---

1. जौन एलिया की माँ का नाम 2. बहुत बड़ा गुनाह

(उधर से माँ फिर ज़हरीली हँसी हँसते हुए आती हैं। भाभी और माँ दोनों जौन के तख़्त के इर्द-गिर्द घूमती हैं और दोनों अपना-अपना जुमला दोहराती रहती हैं।)

माँ : लेकिन ये कहानी एक झूटी कहानी है...हक़ीक़त में कोई चंदन का पेड़ हम जैसियों का साथ नहीं देता...।

भाभी : भाई जिसके क़त्ल के बाद तुम्हारी सबसे ज़ियादा ज़िम्मेदारी बनती थी। और तुम्हीं मामूली ज़ेहनी सतह पर उतर आये...तुम इतने बुरे कैसे हो सकते हो जौन?

(जौन घबराकर अपना सर पकड़ लेते हैं और अपने इर्द-गिर्द घूमती हुईं माँ और भाभी को बदहवासी से देखते हुए सर और छाती पीटते हुए रोते हैं और शे'र पढ़ते हैं।)

सीना दहक रहा हो तो क्या चुप रहे कोई
क्यों चीख़-चीख़कर न गला छील ले कोई
मैं ख़ुद ये चाहता हूँ कि हालात हों ख़राब
मेरे ख़िलाफ़ ज़हर उगलता फिरे कोई

(स्टेज पर अँधेरा हो जाता है आवाज़ें फ़ेड आउट होती हैं, मंज़र ख़त्म होता है।)

तीसरा मंज़र

❖

मक़ाम : क़ब्रिस्तान

किरदार : जौन एलिया, ज़ालिमीन जीन, मीर तक़ी 'मीर', सआदत हसन मंटो

जौन अपने तख़्त पर मुर्दा हालत में पड़े हैं। जिन बड़े जोश में माउथ ऑर्गन बजाता हुआ शराब की बोतल, पानी, गिलास, सिगरेट के साथ हाज़िर होता है और जौन साहिब के कान के पास जाकर माउथ ऑर्गन बजाते हुए ही जगाता है।

❖

जिन : *(ख़ुश होकर)* जौन साहिब उठिये...उठिये मीलॉर्ड मैं आ गया!

जौन : *(हड़बड़ाकर आँखें मींचकर उठते हुए)* क...कौन हैं आप? उफ़...पीछे हटिये...मियाँ आपका बदन है कि आग की लपट है?

(जिन पीछे हटते हुए जल्दी से माउथ ऑर्गन जेब में रखता है और अपनी रौशनी कम करता है।)

जिन : *(नाज़रीन[1] से कहता है)* इनकी इसी आदत के सबब इनकी भतीजी शाहाना ने इनका नाम चमगादड़ रख दिया था!

जौन : इधर देखकर बात कीजिए। किससे मिलना है?

जिन : ...आपसे मीलॉर्ड।

जौन : ओह...

मुझसे मिलने को आप आये हैं?
बैठिये मैं बुलाकर लाता हूँ

जिन : मीलॉर्ड...वो मैं आपके लिए...।

जौन : **गर्मजोशी और इस क़दर क्या बात,**
क्या तुम्हें मुझसे कुछ शिकायत है?

---

1. दर्शकों

जिन : नहीं हुज़ूर कोई शिकायत नहीं, क़िब्ला[1] मैं तो ये अर्ज़ कर रहा था...

जौन : जानी...बात सुनिए कुछ भी अर्ज़ करने से पहले ये बताइए कि आप हैं कौन? और मुझ तक पहुँचे क्योंकर?

कोई मुझ तक पहुँच नहीं सकता
इतना आसान है पता मेरा

आपने ये आसानी पार कैसे की?

जिन : हुज़ूर लगता है आप फिर भूल गये। मेरे आक़ा मुझे पहचानिये मैं ज़ालिमीन आपका ख़ानदानी जिन। अमरोहे वाला। आपने मुझे अद्धा और सिगरेट लाने का हुक्म दिया था।

जौन : **यानी तुम वो हो वाक़ई? हद है**
मैं तो सचमुच सभी को भूल गया

जानी, तुमसे मिलकर बड़ी ख़ुशी हुई, आज मैं अपना एक शे'र रद करना चाहता हूँ और वो बेहूदा शे'र ये है कि

काम की बात मैंने की ही नहीं
ये मिरा तौरे-ज़िन्दगी ही नहीं

मियाँ, तुम्हारे हाथ में मौजूद शय बता रही है कि मैंने छोटे-मोटे नहीं बड़े काम की बात की है। एक मिनट रुको मैं चश्मा लगा लूँ *(चश्मा लगाकर)* हाँ... मियाँ इधर लाओ...ये सब मुझे दो।

---

1. आदरणीय

(जिन लाकर सारा सामान तख़्त पर रखता है और जैसे ही पीछे हटने को होता है जौन कहते हैं)

जौन : इधर आओ मियाँ बोसा[1] दो बोसा...जी ख़ुश कर दिया तुमने।

(जिन नज़दीक आता है। जौन उसका माथा चूमते हुए बोलते हैं)

मियाँ तुम ख़ुश रहो, आबाद रहो...वैसे ख़ुश रहना बड़ा बेहूदा काम है फिर भी तुम्हारी यही मर्ज़ी हो तो यही सही। मुझे कोई एतराज़ नहीं। यहाँ बैठो मेरे पास।

(जिन जौन के नज़दीक बैठ जाता है। जौन शराब का पैग बनाते हैं। एक घूँट पीते हैं, फिर पूछते हैं।)

जौन : ज़ालिमीन जानी एक बात बताऊँ तुम्हें? तुम मेरा एक शे'र सुनो पहले—

मुझसे अब लोग कम ही मिलते हैं
यूँ भी मैं हट गया हूँ मंज़र से

मैं तो अब मंज़र से हट चुका हूँ। बख़ुदा बिलकुल हट चुका हूँ। मुझे कुछ भी याद नहीं, क्या तुम्हें मालूम है, ये कौन सी जगह है?

जिन : क्या आपको सचमुच कुछ भी याद नहीं है हुज़ूर?

जौन : मियाँ कैफ़ी कमअक़्ली की बातें कर रहे हो? मुझे याद होता तो क्या मैं तुमसे पूछता?

जिन : गुस्ताख़ी मुआफ़ कीजिये मीलॉर्ड! मुझे लगा आप

---

1. चुंबन

मेरी फिरकी ले रहे हैं।

बहरहाल आप इस वक़्त कराची के क़ब्रिस्तान सख़ी हसन में तशरीफ़-फ़रमा[1] हैं। गुज़िश्ता[2] कई बरसों से यही आपकी क़यामगाह[3] है और ज़ाहिर है आगे भी आपको यहीं रहना है।

जौन : जानी, इसके माना ये हुए कि हम मर चुके हैं।

जिन : जी हुज़ूर। जिस्मानी तौर पर।

जौन : यानी ये मेरी क़ब्र है।

जिन : यस मीलॉर्ड! मुकम्मल तौर पर।

जौन : मियाँ कमाल की जगह है ये। सबसे अच्छी और बेहतर बात तो ये है कि यहाँ रौशनी परेशान नहीं करती। लेकिन एक मसअला भी है और वो ये कि यहाँ जमाल एहसानी नहीं है। मरदूद सलीम जाफ़री नहीं है। पीरज़ादा क़ासिम नहीं है। ग़ुण्डा मन्सूर जावेद नहीं है...। और तो और ख़ालिद अहमद अंसारी भी तो नहीं है।[4] मेरे लोग मेरे अपने अज़ीज़तरीन लोग यहाँ नहीं हैं। मैं अकेला पड़ गया हूँ। यहाँ कुछ है तो नश्तर चुभोते ख़्वाब हैं...बस। *(ख़्वाब से उन्हें कुछ याद आता है)* तुम्हें एक राज़ की बात बताऊँ... आज अम्माँ और बू बू आई थीं ख़्वाब में।

जिन : *(नाज़रीन से)* लगता है रफ़्ता-रफ़्ता इनकी मेमोरी काम करने लगी है।

---

1. विराजमान 2. विगत 3. विश्राम-स्थल 4. सभी उर्दू साहित्य से जुड़े हुए एवं जौन एलिया के क़रीबी लोग

जौन : जानी, तुमने उस्ताद ज़ौक़[1] का वो मतला सुना है ना ?

अब तो घबरा के ये कहते हैं कि मर जायेंगे
मरके भी चैन न पाया तो किधर जायेंगे

जिन : यस मीलॉर्ड ख़ूब सुना है।

जौन : बस यही हो रहा है हमारे साथ। अस्ल सूरते-हाल[2] ये है, मियाँ मर के भी चैन नहीं है हमें तो। सुना है उस्ताद ज़ौक़ को भी मर के चैन नहीं मिला। उनकी मट्टी पलीद कर दी कमबख़्तों ने ?

जिन : जी मीलॉर्ड निहायत दुख की बात है कि उनकी क़ब्र के नज़दीक पब्लिक टॉयलेट बन गया था। मगर राहत की बात ये है कि अब वो हट चुका है और उनकी क़ब्र की घेराबन्दी कर दी गयी है।

जौन : तुम्हें हमारे पीर मीर तक़ी मीर[3] का कुछ हाल मालूम हो तो बताओ।

जिन : उनका भी हाल सुनाने लाएक़ नहीं है मीलॉर्ड, बरसों पहले जब पहली मर्तबा आपके वालिद के हुक्म पर मैं लखनऊ गया था तब उनकी क़ब्र मौजूद थी और कत्बे का पत्थर[4] भी मौजूद था लेकिन कुछ बरस बाद जब मैं दूसरी बार गया तो कत्बे का पत्थर वहाँ नज़दीक रहने वाले एक परिवार ने रोटी बेलने के काम में ले लिया था और तीसरी बार जब मैं गया तो मुझे उनकी क़ब्र ही नहीं मिली।

---

1. प्रसिद्ध उर्दू शाइर उस्ताद शेख़ इब्राहिम ज़ौक़ 2. वर्तमान स्थिति 3. महान उर्दू शाइर 4. कब्र पर लगा पत्थर

जौन : मियाँ क्या बकते हो ? कहाँ गयी क़ब्र ?

जिन : मीलॉर्ड कुछ लोगों का कहना है कि मीर साहिब की क़ब्र के ऊपर रेलवे की पटरियाँ बिछ चुकी हैं सो उनकी छाती पर रेल हर वक़्त मूँग दलती हुई गुज़रती है, तो कुछ लोग एक छोटे से घेरे को मीर साहिब की क़ब्र क़रार देते हैं। हक़ीक़त तो मीर साहिब जानें या अल्ला मियाँ जानें।

जौन : लाहौल वला क़ूवत[1]। मियाँ कैसे मुआशरे[2] में रह रहे हैं हम... ?

जिन : मीलॉर्ड मत पूछिये। आपने ज़िक्र छेड़ ही दिया तो मिर्ज़ा ग़ालिब साहिब[3] का भी हाल सुन ही लीजिये। उनकी क़ब्र तो ख़ैर सही-सलामत है लेकिन उनकी हवेली को हथिया लिया था लोगों ने, वो तो भला हो गुलज़ार साहिब[4] का कि उन्होंने हवेली की कुछ हुर्मत[5] बचा ली।

जौन : *(चिढ़कर)* मियाँ यहाँ बुज़ुर्गों की क़ब्रें ग़ायब हो रही हैं और तुम्हें ग़ालिब की हवेली की पड़ी है। *(बुदबुदाते हुए)* अच्छा ही हुआ कि जो अपने जीते जी हमने अपनी कुटिया बेच दी। वरना हमारे साथ भी...। ख़ैर...हमारी छोड़ो तुम अपनी बताओ, तुम यहाँ तक कैसे पहुँचे ?

जिन : हुज़ूर मैं बहुत पहुँचा हुआ हूँ।

(जौन घूँट भरते हुए जिन की तरफ़ देखते हैं)

---

1. अरबी भाषा में भर्त्सना के लिए प्रयुक्त वाक्य 2. समाज 3. महान उर्दू शाइर 4. प्रसिद्ध लेखक/निर्देशक/शाइर 5. प्रतिष्ठा

जिन : म...म...मेरे कहने का मतलब ये है हुज़ूर कि मैं तो अमरोहे से आया हुआ आपका साया हूँ। जहाँ-जहाँ आप होंगे मैं आपकी ख़िदमत में हाज़िर रहूँगा।

जौन : तुम अमरोहे में कहाँ रहते थे?

जिन : लगता है आपको अभी भी कुछ याद नहीं आया।

जौन : काश, अख़्तर अंसारी[1] की माँगी दुआ मेरे हक़ में भी क़ुबूल हो पाती।

यादे-माज़ी[2] अज़ाब[3] है या रब
छीन ले मुझसे हाफ़िज़ा[4] मेरा

लेकिन अफ़सोसनाक वाक़िआ ये है कि ऐसा हुआ नहीं।

शीशे के इस तरफ़ से मैं ख़ुद को तक रहा हूँ
मरने की भी किसी को फ़ुर्सत नहीं है मुझमें

लेकिन बख़ुदा मुझे तुम्हारे मुताल्लिक़[5] कुछ भी याद नहीं। मुझे याद दिलाओ, अपने बारे में बताओ और ये भी बताओ कि छोड़कर तो नहीं जाओगे?

जिन : सवाल ही पैदा नहीं होता हुज़ूर।

जौन : हाँ तो बताओ तुम्हारे मुआमलात क्या हैं?...पहले सिगरेट जला के दो।

(जिन सिगरेट होंटों पर लगाता है और लाइटर या माचिस के बग़ैर ही अपनी हथेली से टच करके जला देता है। फिर सिगरेट जौन की तरफ़ बढ़ाते हुए कहता है)

---

1. प्रसिद्ध शाइर 2. अतीत की यादें 3. यातना 4. स्मृति 5. संबंधित

जिन : हुज़ूर, ये आपके औतार...आई मीन आपके पैदा होने से पहले की बात है। मैं आपके नाना के हाँ एक कमरे में रहा करता था। उस कमरे के बड़े से दरवाज़े पर एक बड़ा-सा ताला लगा हुआ था। और वो ताला मुद्दतों में कभी-कभार ही खुला करता था। हुआ यूँ कि एक रोज़ सभी घरवाले किसी शादी में गये हुए थे। चूँकि कुँवारी लड़कियों का उस वक़्त शादी-ब्याह में जाना मना था सो आपकी अम्मी, ख़ालायें[1] और एक नौकरानी ही घर पर मौजूद थीं। ये दिन कोई मामूली दिन नहीं था मीलॉर्ड, इसी दिन मैं उस कमरे से रिहा हुआ था और आपकी अम्मी नर्जिस का ग़ुलाम हो गया था।

जौन : लेकिन तुम रिहा हुए कैसे? पहेलियाँ न बुझाओ तफ़सील[2] से बयान करो। यूँ तो मैं किसी की सुनता नहीं पर आज तुम्हारी सुन रहा हूँ तो सुनाओ तमीज़ से।

जिन : जी बेहतर, तो हुआ कुछ यूँ था कि उस वक़्त आपकी अम्मी ने नौकरानी से कहा कि वो बग़ैर चाबी के ताला खोल कर दिखाए। नौकरानी ने इसे मज़ाक़ समझा, फिर भी हुक्म की तामील[3] की। उसने ताले को ख़ूब हिला-डुला कर देखा फिर थक-हारकर मुआफ़ी तलब करती हुई पीछे हट गयी। फिर आपकी अम्मी ने बारी-बारी अपनी बहनों को भी यही हुक्म दिया। उनकी भी सारी

---

1. मौसियाँ 2. विस्तार 3. आज्ञा पालन

कोशिशों पर पानी फिर गया। ज़ाहिर सी बात है, ताला था कोई मेरी ज़बान तो थी नहीं जो आसानी से खुल जाती, सो ताला नहीं खुला।

जौन : फिर... ?

जिन : यूँ हुआ फिर करिश्मा हुआ मीलॉर्ड! आख़िर में आपकी अम्मी ख़ुद चलकर आयीं और...सब के साथ-साथ मैं भी देखकर हैरान रह गया कि उनके हाथ लगाते ही ताला शाख़ से टूटे पत्ते की मानिन्द[1] उनके हाथ में आ गया।

जौन : मियाँ ज़बान ठीक करो पहले 'की मानिन्द' नहीं 'के मानन्द' बोलो। मानन्द मुज़क्कर[2] है।

जिन : लेकिन बहुत से लोग तो इसे मुअन्नस[3] ही बरतते हैं?

जौन : बहुत से लोग जाहिल हैं तो मैं क्या करूँ? अपना सर फोड़ लूँ ?

जिन : मीलॉर्ड चलिए मैंने मान लिया कि मानिन्द नहीं मानन्द सही लफ़्ज़ है और ये मुज़क्कर है लेकिन इसकी कोई सनद[4] ?

जौन : मियाँ हम उर्दू ज़बान के आलिम[5] नहीं हैं, हम ख़ुद उर्दू हैं सर-ब-सर[6] उर्दू! हम शाइर हैं। हमारी बात को सनद नहीं माना जाएगा तो क्या किसी आई. जी., डिप्टी कमिश्नर, कमांडर इन चीफ़ या इनसे भी ऊपर वज़ीरे-आज़म को सनद माना जाएगा? मियाँ ज़बानदानी का दावा करने वाले हमारी चौखट से अल्फ़ाज़ की भीख माँगते हैं। समझे?

---

1. तुल्य 2. पुलिंग 3. स्त्रीलिंग 4. प्रमाण 5. विद्वान 6. सम्पूर्ण

जिन : समझ गया मीलॉर्ड।

जौन : मौज़ूअ[1] पर आओ और बयान जारी रखो।

जिन : ओके मीलॉर्ड, तो...शाख़ से टूटे पत्ते की मानिन्द *(जौन घूरकर देखते हैं। जिन ज़बान ठीक करते हुए)...* के मानन्द ताला हाथ में आते ही मैंने डिसाइड कर लिया कि चाकरी करूँगा तो आपकी अम्मी की। सो मैं आपकी अम्मी के क़दमों में आ पड़ा। इस वाक़ए से आपकी अम्मी और आपकी ख़ालायें इस क़दर ख़ौफ़ज़दा हुईं कि चीख़ मारते हुए पड़ोस के घर की तरफ़ भागीं। यहाँ तक कि आपकी अम्मी बेहोश हो गयीं। बहरहाल जब उन्हें होश आया तो उन्होंने मेरा इंटरव्यू लिया और फ़ाइनली मुझे अपनी मुलाज़िमत में क़ुबूल फ़रमा लिया।

जौन : कहते जाओ।

जिन : कहना क्या है मीलॉर्ड! उसके बाद तो आपकी अम्मी जो कहती थीं मैं वही किया करता था। बारहा[2] ऐसा भी होता था कि उनके हुक्म पर मैं दो-चार लोगों को उठाकर पटक दिया करता था। मेरी इसी बात से ख़ुश होकर उन्होंने मेरा नाम ज़ालिमीन रख दिया था।

जौन : अच्छा नाम है तुम पर फ़बता भी है। *(घूँट भरते हुए)* फिर?

जिन : फिर मीलॉर्ड! इस वाक़ए के कुछ वक़्त बाद उनकी शादी उनके बहनोई यानी आपके बाबा शफ़ीक़ हसन

1. विषय 2. प्राय:

एलिया से हो गयी। जिससे वो बिलकुल भी ख़ुश नहीं थीं।

जौन : क्या मेरे बाबा बुरे आदमी थे उनकी नज़र में?

जिन : नो नो नो नो मीलॉर्ड! ऐसा बिलकुल नहीं था। दरअसल वो इस बात को क़ुबूल ही नहीं कर पायीं कि जिस शख़्स के साथ वो साल भर तक बहनोई के मुक़द्दस[1] रिश्ते में बंधी रहीं। वही शख़्स उनकी बहन के मरने के बाद उनका शौहर हो गया।

जौन : मियाँ, बहनोई से शादी कोई अनोखी बात तो नहीं।

जिन : हाँ, लेकिन उनके नज़दीक ये बात दुरुस्त नहीं थी। वो बहुत हस्सास[2] थीं। शायराना तबीअत रखती थीं। और यही नाज़ुक-मिज़ाजी उन्हें नाख़ुश किये रहती थी।

जौन : बाबा से कभी हाले-दिल बयान नहीं करती थीं?

जिन : हुज़ूर! आपके बाबा को उनका हाले-दिल सुनने की फ़ुर्सत ही कब थी। वो तो सितारों का हाल जानने ही में मसरूफ़ रहा करते थे। अरबी, फ़ारसी, संस्कृत, इब्रानी, अंग्रेज़ी समेत तमाम ज़बानो-अदब[3] पर आपके बाबा महीनों बात कर सकते थे। लेकिन घर के मसअलों पर एक मिनट भी नहीं। ये भी एक बड़ा सबब था आपकी अम्मी के 'एंग्री यंग वूमन' बनने का।

जौन : जानी, तुम्हारी नज़र में मेरे बाबा कैसे शख़्स थे?

जिन : मुझसे क्यों पूछते हैं हुज़ूर ख़ुद से पूछिये। मैं भी तो

---

1. पवित्र 2. भावुक 3. भाषा और साहित्य

वही सब बताऊँगा जो आपके इल्म में है। आपसे अलग मेरा कोई वजूद नहीं है। मैं तो लाशऊर हूँ आपका। इट मीन्स सबकॉन्शस माइंड।

जौन : **ये बहुत ग़म की बात हो शायद**
अब तो ग़म भी गँवा चुका हूँ मैं

मियाँ मेरी नींदों के परिंदे मेरी आँखों से उड़ गए हैं बहुतेरा दाना डालता हूँ। मगर कमबख़्त वापस ही नहीं आते। तेरह बरस से मैं इस अज़ीयतनाक[1] बीमारी में मुब्तिला[2] हूँ। मुझे नींद ही नहीं आती।

जिन : गुस्ताख़ी मुआफ़ कीजियेगा हुज़ूर, कहीं ऐसा तो नहीं कि ये बात भी आप नींद ही में बोल रहे हों?

जौन : मियाँ बावले हो गये हो क्या?

जिन : यही सवाल मैं आपसे दुहराऊँ तो गुस्ताख़ कहलाऊँगा, मगर मीलॉर्ड आपकी अज़ीयतनाक बीमारी, नींद न आना ये सब तो दुनियावी बातें थीं। टोटली आउटडेटेड। यहाँ तो अभी थोड़ी देर पहले आप घोड़े बेच कर सो रहे थे।

जौन : और उन घोड़ों के ख़रीदार तुम थे...क्यों?

(जिन मुँह लटका लेता है। जौन घूँट भरते हुए ख़यालों में डूब जाते हैं, उसी हालत में स्टेज पर कोई साया आता हुआ देखते हैं। पसमंज़र[3] में एक शे'र गूँजता है।)

मत सहल हमें जानो फिरता है फ़लक बरसों
तब ख़ाक के परदे से इन्सान निकलते हैं

---

1. पीड़ादायक 2. ग्रस्त 3. नेपथ्य

(साया धीरे-धीरे जब कुछ रौशनी में आता है तो जौन बग़ौर देखने और पहचानने के बाद जिन से कहते हैं।)

जौन : मियाँ जिन...वो देखो मीर साहिब आ रहे हैं।

जिन : *(ग़ौर से देखते हुए)* कौन? मीर तक़ी मीर मीलॉर्ड?

जौन : अदब से बात करो मीर हमारे पीर हैं। मीर साहिब कहो...मीर साहिब...आई बात समझ में?

जिन : मीलॉर्ड गुस्ताख़ी मुआफ़ कीजिये लेकिन हैं कहाँ मीर साहिब? मुझे तो कहीं नज़र नहीं आते।

(जौन जिन की बातें नज़रअन्दाज़ कर देते हैं और एहतरामन[1] तख़्त से उठते हुए मीर साहिब के क़रीब जाते हैं। जिन चिढ़कर अपना माउथ ऑर्गन बजाने लगता है। जौन घुटनों के बल बैठकर मीर साहिब के हाथ चूमते हुए कहते हैं।)

जौन : बन्दगी[2] क़ुबूल कीजिए क़िब्ला, जीते जी तो आपसे मुलाक़ात मुम्किन ही नहीं थी। लेकिन अगर मुझे पहले ये इल्म होता कि मरने के बाद आपकी दस्त-बोसी[3] का शरफ़[4] हासिल हो जाएगा तो यक़ीनन मैं दुनिया में इतना वक़्त ज़ाया न करता। कब का आपकी ख़िदमत[5] में हाज़िर हो गया होता। *(जिन से)* जिन जानी ये बेवक़्त की पीं-पीं बन्द करो और जाओ नूर भाई से कह दो कि उनका शे'र झूठा है।

जिन : कौन नूर भाई? कौन-सा शे'र?

---

1. आदरपूर्वक 2. नमन 3. हाथ चूमना 4. सौभाग्य 5. सेवा

जौन : **मरने वालों को भी मिलते नहीं मरने वाले**
मौत ले जाके ख़ुदा जाने कहाँ छोड़ती है

कृष्ण बिहारी नूर[1] भाई से जाकर कहो कि आपका शे'र जौन ने ख़ारिज कर दिया है। उसे मीर साहिब मिल गये। वो भी मरने के बाद। *(मीर साहिब से)* क़िब्ला आप खड़े क्यों हैं? तशरीफ़ रखिये। यहाँ आइये यहाँ...

(जिन जौन साहिब को नज़रअन्दाज़ करता हुआ फिर धीमे–धीमे माउथ ऑर्गन बजाने लगता है)

मीर : तुम अपनी जगह पर जाकर बैठ जाओ जौन, ये तुम्हारा दौलतकदा नहीं तुम्हारी क़ब्र है और इस्लाम के मुताबिक़ एक क़ब्र में दो लोग नहीं रह सकते।

(तभी मंटो एंट्री करता है)

मंटो : आपकी बात बजा[2] है मीर साहिब। लेकिन आज के वक़्त में दहशतगर्दी का वो आलम है कि एक क़ब्र में सिर्फ़ दो ही नहीं पूरी की पूरी आबादी दफ़्न कर दी जाती है वो भी बग़ैर कफ़न के, और इसका बाएस[3] होता है सड़ांध मारता बदबूदार मज़हब। ख़ैर आप कब से इस्लाम की मानने लगे।

मीर के दीनो–मज़हब को अब पूछते क्या हो उनने तो
क़श्क़ा[4] खींचा दैर में बैठा कब का तर्क इस्लाम किया

1. प्रसिद्ध शाइर 2. उचित 3. कारण 4. तिलक

ये आप ही ने कहा था न?

मीर : मियाँ तुम रहने दो, ये शाइरी है इस सिलसिले में जौन पहले ही कह चुका है, शाइरी एक वाक़ए को चार आँखों से देखने और दो ज़हनों से महसूस करने का अमल है। शाइरी के पेचो-ख़म समझना तुम जैसे लौंडों-लपाड़ों का काम नहीं। तुमसे तो ढंग के अफ़साने तक न लिखे गये! अफ़सानों के नाम पर ताज़िन्दगी फ़ुहशबाज़ी[1] और ख़बरसाज़ी[2] करते रहे। मैं तुम्हारे मुँह नहीं लगता, तुम तो ये कहो बग़ैर इजाज़त यहाँ आये कैसे?

मंटो : ठीक वैसे ही जैसे आप आये हुज़ूर। वैसे क्या आप मुझे बतायेंगे कि क़ब्रिस्तान में आने के लिए किसकी इजाज़त दरकार है?

जौन : मंटो भाई क्या हुआ यार, मीर साहिब को तो बख़्श दीजिये।

जिन : *(चौंककर बुदबुदाता है...)* मंटो भाई...मीर साहिब... मंटो

मंटो : मीर साहिब ने कब किसको बख़्शा है जौन?

जौन : *(मंटो को नज़रअन्दाज़ करते हुए)* मीर साहिब तकल्लुफ़ छोड़िये आप तशरीफ़ रखिये। आप तो अच्छी तरह जानते हैं मंटो भाई ऐसे ही हैं।

(मीर साहिब अपनी जगह से हिलते तक नहीं हैं)

मंटो : जौन लीपापोती मत करो। मैं जानता हूँ कि तुम मीर साहिब के आशिक़ हो, जो कि मैं भी हूँ लेकिन

---

1. अश्लीलता 2. रिपोर्टिंग

वाजिब बात तो कहना पड़ेगी और वाजिब बात ये है कि तुम मीर साहिब में इस क़दर खो गये कि तुम्हें अपने दूसरे मेहमानों का ख़याल ही न रहा। हज़रते ग़ालिब दरवाज़े पर हैं।

जौन : **नहीं इमला दुरुस्त ग़ालिब का**
शेफ़्ता[1] को बता चुका हूँ मैं

मंटो : इमला तो मेरा भी दुरुस्त नहीं है फिर हमें बुलाया क्यों और बुलाकर दरवाज़े पर खड़ा क्यों किया, मेरी तो ख़ैर कोई बात नहीं *(मीर साहिब की तरफ़ देखते हुए)* बक़ौल मीर साहिब मैं ख़बरसाज़ जो ठहरा सो कहीं भी आ–जा सकता हूँ। लेकिन हज़रते मुसहफ़ी[2] भी दरवाज़े पर हैं...उन्हें तो रिसीव करो।

जौन : **हाल ख़ुश लखनऊ का दिल्ली का**
बस उन्हें मुसहफ़ी से ख़तरा है

मंटो भाई मैं वाक़ई बे तमीज़ हूँ...मुझे ऐसा नहीं करना चाहिए...मैं रिसीव करके लाता हूँ उन्हें, मेहरबानी होगी जो आप मीर साहिब से न उलझें...।

मंटो : नहीं–नहीं बिलकुल नहीं...।

(जौन दरवाज़े की सिम्त बढ़ते हैं। जिन उन्हें टोकता है)

जिन : मीलॉर्ड आपको क़ब्रिस्तान से बाहर नहीं जाना चाहिए ये यहाँ के रूल के ख़िलाफ़ है। मुझे हुक्म कीजिए।

जौन : *(जाते हुए बोलते जाते हैं)* मियाँ तुम चुप बैठो...आज

---

1. ग़ालिब के शिष्य 2. उस्ताद शाइर

मेरे लिए बहुत बड़ा दिन है। मेरे दरवाज़े पर हज़रते ग़ालिब आये हैं मेरे मुर्शिद हज़रत ग़ुलाम हमदानी मुसहफ़ी आये हैं...तुम चाहते हो कि उनकी क़दम-बोसी का मौक़ा तुम्हें मिल जाये...मैं ऐसा हरगिज़ न होने दूँगा...

जिन : *(बुदबुदाता है)* ग़ालिब...मुसहफ़ी...व्हाट आर यू टॉकिंग अबाउट मीलॉर्ड...? *(फिर कुछ सोचते हुए कन्धे उचकाकर कहता है)* अ मुझे क्या...?

(और माउथ ऑर्गन बजाने में लग जाता है)

मंटो : *(मीर साहिब से)* आप नाराज़ हो गये मीर साहिब?

मीर : तुम कोई नवाब आसिफ़ुद्दौला[1] हो कि हम तुमसे नाराज़ हो जाएँ?

मंटो : वैसे हुज़ूर आप बुरा तो मानेंगे फिर भी एक बात पूछना चाहूँगा...*(तंज़ से)* ख़बरसाज़ जो ठहरा।

(मीर साहिब घूरकर देखते हैं मंटो अपनी रौ में बोलता है) हुज़ूर सुना है कि आपके शे'र पढ़ते वक़्त नवाब आसिफ़ुद्दौला बज़रिये[2] छड़ी मछलियों से खेल रहे थे। और इस बात से नाख़ुश होकर आपने कहा कि "हुज़ूर मुतवज्जिह[3] हों तो पढ़ूँ।"

(मीर साहिब के माथे पर लकीरें खिंच आती हैं। मंटो अपनी बात जारी रखता है)

...इस पर नवाब साहिब ने फ़रमाया कि "शे'र होगा तो आप मुतवज्जिह कर लेगा।"

---

1. मीर के समय में लखनऊ के नवाब 2. द्वारा 3. ध्यान केन्द्रित

...और ये भी सुना है कि इस जुमले पर आप नवाब साहिब से ख़फ़ा होकर चले गये थे। क्या मैं दुरुस्त कह रहा हूँ।

मीर : तुम कहना क्या चाहते हो?

मंटो : कहना ये है हुज़ूर! नवाब साहिब के जुमले में तो मुझे कोई ख़राबी नज़र नहीं आती, वैसे वो ग़ज़ल कौन सी थी।

मीर : *(चिढ़कर)* तुम्हारी ज़बान/ अफ़साने और दिमाग़ तीनों ख़राब हैं।

मंटो : यही ख़राब ज़बान, ख़राब अफ़साने और ख़राब दिमाग़, इस ख़राबे में आबाद हैं मीर साहिब। आपकी तरह मुझे कोई ऐसा दावा नहीं कि '**मुस्तनद**[1] **है मेरा फ़रमाया हुआ**' फिर भी एक ज़रा-सी बात अर्ज़ करना चाहूँगा बात लोगों के दिलों की है, लहजा हज़रते-ग़ालिब का है। और इसमें महज़ रत्ती भर बदमआशी मेरी है मुलाहिज़ा फ़रमाइयेगा—

हैं और भी दुनिया में लिखारी बहुत अच्छे
कहते हैं कि मंटो का है अंदाज़े-बयाँ और...

आदाब अर्ज़ है!

(मंटो की इस शरारत पर मीर साहिब ग़ुस्से में घूरते हैं। मंटो दर्शकों की तरफ़ मुँह करके नज़्म पढ़ना शुरू करता है)

वक़्त की नब्ज़ पे उंगली रखकर ध्यान लगाना पड़ता है
माज़ी[2] और मुस्तक़बिल[3] दोनों दर तक जाना पड़ता है

---

1. प्रामाणिक 2. अतीत 3. भविष्य

तब जाकर जो बात सभी के सामने आती है
मंटो के अफ़सानों की वो याद दिलाती है

हर इन्सान में हैं अफ़साने हर अफ़साने में इन्सान
वो ही सच्चा अदीब है जिसको इन नुक्तों की है पहचान
जब जब हस्ती[1] कठपुतली सा नाच नचाती है
मंटो के अफ़सानों की वो याद दिलाती है

(मीर साहिब से मुख़ातिब होते हुए)

उन घड़ियों पर लानत जिनसे ये अफ़साने जनमे हैं
आपने मैंने जो कुछ देखा उसके ही कुछ टुकड़े हैं
अब भी अदालत जब सच की आवाज़ दबाती है
मंटो के अफ़सानों की वो याद दिलाती है

(नज़्म ख़त्म होने के बाद मंटो मीर साहिब से दिल्लगी करते हुए)

ना ना कुछ कहने की ज़रूरत नहीं क़िब्ला...मन आनम कि मन दानम[2]...।

मीर : शाइरी फ़ने-शरीफ़[3] है मियाँ तुम बेजा कोशिश न करो।

मंटो : अच्छा? मैं तो समझता था कि फ़ने-शरीर[4] है।

मीर : मुझे कजबहसी[5] पसन्द नहीं।

मंटो : मीर साहिब! आप बात-बात पर नाराज़ क्यों हो जाते हैं। आख़िर हम भी आपके मद्दाह[6] हैं। बस ज़रा-सा कड़वे-कसैले हैं। जो इस शकरज़दा मरीज़

1. ज़िन्दगी 2. फ़ारसी कहावत : भावार्थ—प्रशंसा के उत्तर में अपनी विनम्रता प्रकट करना 3. सज्जन लोगों की कला 4. उद्दण्ड लोगों की कला 5. कुतर्क 6. प्रशंसक

मुआशरे[1] के लिए होना पड़ता है। आपने तो हमसे ज़ियादा बुरा वक़्त देखा है मीर साहिब। बस फ़र्क इतना है कि आप ज़ब्त[2] कर गये, हम ज़ब्त न कर सके, और क़लम को तलवार बनाकर आपके मामूँ जान सिराजुद्दीन अली ख़ान 'आरज़ू' साहिब[3] के इस जुमले पर ईमान ले आये कि 'मौज़ूँ[4] गाली नामौज़ूँ[5] दुआ से बेहतर होती है'।

(मंज़र ख़त्म)

---

1. मधुमेह से पीड़ित समाज 2. धैर्य 3. विद्वान शाइर 4. उचित 5. अनुचित

चौथा मंज़र

❖

मक़ाम : क़ब्रिस्तान

किरदार : जौन एलिया, ज़ालिमीन जिन, मीर तक़ी 'मीर', सआदत हसन मंटो, शेख़ ग़ुलाम हमदानी मुसहफ़ी, मिर्ज़ा असद अल्लाह ख़ाँ, 'ग़ालिब'

मीर साहिब दरमियान[1] में ज़मीन पर बैठे हुए हैं उनके इर्द-गिर्द ग़ालिब और मुसहफ़ी बैठे हैं मंटो और जिन साइड में खड़े हुए हैं। जौन बोतल और गिलास लेकर ज़मीन पर बैठे बोतल देखते हुए कहते हैं।

1. मध्य

❖

जौन : यार जिन, जानी तुम्हें एक बार और तकलीफ़ उठाना पड़ेगी मेरे मेहमान आये हैं और शराब ले लाओ।

जिन : लेकिन मुझे ख़बर तो हो वो मेहमान हैं कहाँ मीलॉर्ड?

जौन : तुम्हें नज़र नहीं आता? सामने हमारे पीर, ख़ुदा-ए-सुख़न[1] मीर तक़ी मीर तशरीफ़ फ़रमा[2] हैं।

जिन : मुझे इस लक़ब[3] पर एतराज़ है मीलॉर्ड? मीर साहिब मेरी नज़र में महान शाइर हैं लेकिन ख़ुदा-ए-सुख़न हरगिज़ नहीं।

जौन : '**काश इस ज़बाँदराज़ का मुँह नोच ले कोई**' मियाँ ये तय करने का हक़ तुम्हें किसने दिया?

जिन : मेरे मुशाहिदे[4] ने, मेरे इल्म ने हुज़ूर, मैं ख़ानदानी पढ़ा-लिखा हूँ।

(मीर साहिब ग़ुस्से में घूरते हैं)

ग़ालिब : **ग़ालिब अपना ये अक़ीदा है बक़ौले-नासिख़**
आप बेबहरा है जो मो'तक़िदे-मीर नहीं

मुसहफ़ी : **पगड़ी अपनी संभालियेगा मीर**
और बस्ती नहीं ये दिल्ली है

---

1. सबसे महान शायर 2. उपस्थित 3. उपाधि 4. अध्ययन

मीर साहिब नाराज़ न होइयेगा हर दौर में एक हज़रते-बक़ा[1] होते ही हैं।

मीर : जौन! इन जनाब की तारीफ़?

जौन : ये तारीफ़ नहीं मज़म्मत[2] के लाएक़ है। क़िब्ला ये मेरा लाशऊर[3] है जो कि बेशऊर[4] है। *(जिन से)* मीर साहिब से मुआफ़ी माँगो ज़ालिमीन?

जिन : आपने मुझे पागल कर दिया है मीलॉर्ड! किससे मुआफ़ी माँगूँ? अव्वल[5] तो मैंने जो कहा वो मेरी निजी राय है और किसी की भी अपनी निजी राय हो सकती है।

मंटो : बेशक... मैं मुत्तफ़िक़[6] हूँ इन साहिब से।

जौन : आप चुप रहिये मंटो भाई।

ग़ालिब : और दोयम[7]?

जौन : और दोयम?

जिन : दोयम ये कि मीर साहिब दिखें तो सही। मैं आपके हुक्म का ग़ुलाम हूँ। आप कहेंगे तो मुआफ़ी भी माँग लूँगा। लेकिन क्या हवा से मुआफ़ी माँगूँ?

जौन : अजीब आदमी हो मियाँ *(खड़े होकर सबके पास जाकर हाथ लगाते हुए)*...ये...देखो ये रहे मंटो भाई। कभी पढ़े हैं इनके अफ़साने? नहीं पढ़े तो पढ़ना... ये यहाँ देखो...मिर्ज़ा साहिब! मिर्ज़ा असद अल्लाह

---

1. बक़ाउल्लाह 'बक़ा' मीर के समकालीन और उनके आलोचक थे उपर्युक्त शे'र उन्हीं का है जो अक्सर मीर के नाम पर उद्धृत किया जाता है 2. निंदा 3. अवचेतन 4. नासमझ 5. पहला 6. सहमत 7. दूसरा

ख़ाँ ग़ालिब! अब तक नाम ही सुना होगा तुमने, आज देख भी लो—

हैं और भी दुनिया में सुख़नवर बहुत अच्छे
कहते हैं कि ग़ालिब का है अन्दाज़े-बयाँ और...

गाँठ बाँध लो इस बात को।

जिन : यहीं रुक जाइये मीलॉर्ड! ये वही बुज़ुर्गवार हैं न जिन्हें आप पच्चीस शे'रों का शाइर बताते आये हैं।

जौन : मियाँ मेरी छोड़ो मैं तो ख़ुद को यूनानी शहज़ादा भी बताता आया हूँ, तो क्या मैं हो गया ? तुम इधर तवज्जिह दो, यहाँ देखो! आप हैं हमारे बुज़ुर्ग, हमारे हमवतन उस्ताद ग़ुलाम हमदानी मुसहफ़ी साहिब! आपने उर्दू ज़बान की ख़िदमत में अपनी पूरी ज़िन्दगी सर्फ़[1] कर दी। क्या तुम्हें इल्म है ? ज़बान के तौर पर उर्दू नाम भी उर्दू ज़बान को आप ही की देन है। आप ही की हमवार[2] की हुई राह पर चलकर हम आज तुम्हारे मीलॉर्ड हैं। हम ही नहीं न जाने कितने लोग कितनी नस्लें आपकी क़र्ज़दार हैं। और आप हैं...जैसा कि तुम जानते हो हमारे पीर हज़रत मीर तक़ी...।

जिन : *(बात काटते हुए)* मीलॉर्ड! मैंने सबको पढ़ा है सबको जानता हूँ सबके बारे में मेरी निजी राय है यहाँ तक कि आपके बारे में भी...जो कि मैं बयान नहीं कर सकता क्योंकि आप मेरे सामने मौजूद हैं। लेकिन अब भी मेरा मसअला वही है। आपके इस पुरअसरार[3] तआरुफ़[4] के बाद भी मुझे सिर्फ़ आप

---

1. ख़र्च 2. समतल 3. रहस्यपूर्ण 4. परिचय

ही दिख रहे हैं बाक़ी लोग नहीं।

जौन : तुम्हें आँखों के हस्पताल जाना चाहिए।

जिन : हुज़ूर या तो आप वक़्त और सरहदों के पार देख रहे हैं, जहाँ तक मेरी पहुँच मुम्किन ही नहीं या फिर...।

जौन : या फिर क्या?

जिन : या फिर आपको चढ़ गयी है!

जौन : बकवास बन्द करो और मुझे ये बताओ शराब कितनी देर में ले आओगे?

जिन : फ़ौरन हुज़ूर! ये लीजिये। *(जेब से पव्वा निकालकर देते हुए)* मुझे पता था कि आप मुझे दोबारा दौड़ाएँगे।

जौन : लेकिन गिलास लाने तो जाना ही होगा बाक़ी लोग कैसे पियेंगे?

जिन : फिर...बाक़ी लोग... ?

(जिन झल्लाते हुए सर पकड़कर बैठ जाता है)

ग़ालिब : मेरे लिए जाम मत बनाना जौन!

जौन : आप ये क्या कह रहे हैं मिर्ज़ा साहिब! जाम तो आम होना चाहिए आपके लिये?

ग़ालिब : मियाँ दो मसअले हैं। पहला तो ये कि मैं दिन में शराब नहीं पीता, दूसरा कि ये सस्ती शराब तो क़तई नहीं।

जौन : दिन में तो मैं भी शराब नहीं पीता मिर्ज़ा साहिब! मेरा तो हमेशा से यही तरीक़ा रहा कि शराब पीने का बेहतरीन वक़्त वो है, जब सुन्नियों की मग़रिब हो चुकी हो और शीयों की होने वाली हो लेकिन

बाद मरने के दिन क्या और रात क्या? रहा आपका दूसरा मसअला उसका हल मौजूद है। *(जिन से)* यार जिन जानी फ़ौरन ओल्ड टॉम या कास्टेलन का इन्तिज़ाम करो मिर्ज़ा साहिब का पसंदीदा ब्रांड! और हाँ गुलाब जल भी ले आना।

जिन : आज ड्राई डे है मीलार्ड कुछ नहीं मिलेगा सब बन्द है।

ग़ालिब : रहने दो जौन! हालाँकि मेरा अक़ीदा है 'सबसे अच्छी शराब मुफ़्त की होती है' फिर भी मैं अपनी पहली बात पर ही क़ायम रहूँगा। तौबा तोड़ने का मेरा कोई इराद। नहीं है।

(ग़ालिब जानते हैं कि मीर साहिब और मुसहफ़ी साहिब शराब नहीं पीते, फिर भी छेड़ते हुए)

हाँ, मीर साहिब और मुसहफ़ी साहिब से अलबत्ता पूछ लो।

मीर और मुसहफ़ी : *(दोनों)* नहीं, नहीं, हम नहीं पीते जौन।

मंटो : यानी बचे सिर्फ़ मैं और जौन! तो गिलास का मसअला ख़त्म! जौन तुम गिलास में पियो मुझे ये बोतल ही दे दो।

जौन : मंटो भाई, आप सुधरेंगे नहीं! मेरा नहीं तो कम-अज़-कम बुज़ुर्गों का ही एहतिराम[1] कर लीजिये।

मंटो : पीने-पिलाने में अदबो-आदाब नहीं देखे जाते

1. आदर

मियाँ...चियर्स...।

(जिन जौन को मसरूफ़ जानकर वापस अपना माउथ ऑर्गन निकाल लेता है)

ग़ालिब : मज़े की बात ये है जौन! तुम और मंटो यहाँ क़ब्रिस्तान में बैठे शराब पी रहे हो। वो भी इत्मीनान से। मरने के यही फ़ायदे हैं मियाँ। ज़िन्दा होते तो तुम दोनों पर यक़ीनन फ़तवा लग जाता।

जौन : फ़तवों का क्या है हज़रत ? ये मुफ़्ती हज़रात मुम्किन है किसी रोज़ ख़ुदा पर भी फ़तवा[1] लगा दें। आदाब तसलीमात तो ख़त्म करवा ही दिया है बच्चों से। हम ख़ुदा हाफ़िज़ कहते हुए बड़े हुए थे,अल्ला हाफ़िज़ सुनते हुए मरे हैं। अब आप ख़ुद ही सोचिये कि आगे क्या होगा...और रही बात शराब पीने की तो हमारे एक शाइर दोस्त ने एक बार हमसे बातों-बातों में कहा था, ''जौन भाई, आप बेशक नमाज़ किसी के भी साथ पढ़ लिया करें लेकिन शराब हर किसी के साथ न पिया करें।'' नतीजा ये हुआ कि हम हर किसी के साथ शराब पीने लगे। और नमाज़... ? नमाज़ तो...जाने दीजिये *(कुछ याद करते हुए)*...अच्छा, आज आप इत्तिफ़ाक़न[2] मिल ही गये हैं तो एक बात बताइये, हमने सुना है कि आप एक रोज़ शराब के लिए नमाज़ तक पढ़ने को राज़ी हो गये थे। अल्लाह मियाँ से शराब माँगने जामा मस्जिद के अन्दर तक चले गये थे और तभी आपके एक

---

1. धार्मिक आदेश 2. संयोगवश

शागिर्द ने मस्जिद के बाहर से बोतल दिखाकर आपको वापस बुला लिया था। अगर ये बात सच है तो इस तरह तो आपकी पहली नमाज़ ही क़ज़ा[1] हो गयी।

ग़ालिब : क़ज़ा नहीं मियाँ पढ़ने से पहले ही अदा हो गयी।

जौन : मिर्ज़ा साहिब मेरा आपसे एक और सवाल है...सोचा आप सामने हैं तो लगे हाथों पूछ ही लूँ...मंटो भाई आप बुरा न मानियेगा।

मंटो : मैं क्यों बुरा मानने लगा?

जौन : नहीं...आप मान जाते हैं हज़रते-ग़ालिब के परस्तार[2] जो ठहरे। वो आपने क्या कहा था "समझ में नहीं आता कि लोग शाइरी क्यों करते हैं? यार ग़ालिब के बाद तो किसी को शाइरी करने का हक़ ही नहीं है।"

मंटो : मैं अपनी बात पर आज भी क़ायम हूँ। ये लम्बी बहस का मौज़ूअ[3] है, मेरी छोड़ो तुम मिर्ज़ा साहिब से अपनी बात करो।

जौन : दुरुस्त! *(ग़ालिब से मुख़ातिब होकर)* जी तो क़िब्ला! मैं ये अर्ज़ कर रहा था कि हज़रते यास यगाना चंगेज़ी[4] से आपकी क्या दुश्मनी थी?

ग़ालिब : ये तो उन्हीं से पूछिये...।

जौन : नहीं, मैं कहना ये चाहता हूँ कि उन्होंने आपकी शाइरी की आख़िर इतनी बखिया क्यों उधेड़ी है।

---

1. छूट जाना 2. पूजक 3. विषय 4. प्रसिद्ध शाइर और आलोचक

यहाँ तक कि इस काम के लिए उन्होंने बाक़ायदा 'ग़ालिब शिकन' किताब लिख डाली। मुझे तो लोग आपका मुख़ालिफ़ कहकर झूठ-मूठ बदनाम करते हैं,जबकि मैं हूँ नहीं। लेकिन यगाना को क्या कहेंगे आप?

ग़ालिब : ज़हीन और बेहद महीन।

मंटो : जौन मियाँ छोड़ो भी, तुम भी किन चक्करों में पड़ गये, ये कौन सी नयी बात है? शायरों में ये भी एक रिवायत ही सी बन गयी है। कभी ख़ान आरज़ू और मीर साहिब में तनातनी, तो कभी मुसहफ़ी साहिब और इन्शा साहिब में ठनाठनी, और तो और मियाँ, मिर्ज़ा साहिब और उस्ताद ज़ौक़ में भी तो कभी नहीं बनी।

ग़ालिब : उस्ताद ज़ौक़ की बात न करो मंटो, हुज़ूर इस क़दर सफ़ाई पसन्द थे कि सब्ज़ियाँ पकने के बाद भी धोकर खाना पसन्द फ़रमाते थे यहाँ तक कि रोटी और चावल को भी एक-एक पानी धो लिया करते थे मगर दिलो-ज़ेहन की सफ़ाई में अक्सर कोताही बरत जाते थे।

मुसहफ़ी : सुभानअल्लाह! तुमने तो मेरे मुँह की बात छीन ली मिर्ज़ा। कमो-बेश यही हाल हज़रते-इन्शा का भी था।

मंटो : *(जौन से)* मुआफ़ करना जौन मियाँ! मीर साहिब ख़ान आरज़ू पर कुछ नहीं बोले तुम ही कुछ बोल दो।

जौन : मंटो भाई! तरबियत आड़े आ रही है वरना ज़रूर बोलता।

मंटो : अमाँ छोड़ो तरबियत[1]! मैं पूछता हूँ मिलता क्या है इस ग़ीबत[2] से?

जौन : छाती पर से बोझ हट जाता है मंटो भाई। तबीअत को सुकून पहुँचता है, साँसें बहाल हो जाती हैं। ख़ुदा की क़सम ग़ीबत कमाल की चीज़ है। आपने भी तो लिख-लिखकर कितने फ़रिश्तों को गंजा किया है क्या मीराजी, क्या नूरजहाँ, क्या रफ़ीक़ ग़ज़नवी, क्या आग़ा हश्र काश्मीरी सबके क्या-क्या ख़ाके खींचे हैं आपने।

जिन : *(अचानक कुछ याद करते हुए)* मीलॉर्ड मैं एक सवाल पूछूँ?

जौन : पूछो, बशर्ते कि बेहूदा न हो!

जिन : ये जो आपके मेहमान आये हुए हैं, ये बैठे किस चीज़ पे हैं मेरा मतलब दरी... कुर्सी...तख़्त या...।

जौन : कल तुम्हें मैं ख़ुद हस्पताल ले चलूँगा...।

जिन : मीलॉर्ड मेरी आँखें ख़राब नहीं हैं, अगर ऐसा होता तो मैं आपको भी तो नहीं देख पाता न? सीरियसली मुझे और लोग नज़र नहीं आ रहे। बताइए न प्लीज़ कहाँ बैठे हैं।

जौन : भैनचो...क्या मसअला है ये? ये तो समझ से परे है। ज़मीन पर बैठे हैं मियाँ। हरी-हरी घास की

---

1. शिष्टाचार की शिक्षा 2. चुग़ली

क़ुदरती चटाई पर।

जिन : मेहमान ज़मीन पर बैठे हैं। क्या ये अच्छा लग रहा है आपको?

जौन : तो मियाँ क़ब्रिस्तान में गाव-तकिये कहाँ से लाऊँ?

जिन : तो हुज़ूर हाथी ख़रीदने से पहले सोचना चाहिए न कि हाथी बाँधेंगे कहाँ?

जौन : यार, मैं तुम्हारे साथ ज़िन्दगी भी नहीं गुज़ार सकता और तीन घंटे भी नहीं, तुम हद दर्जे के गुस्ताख़ हो।

जिन : गुस्ताख़ी की बात नहीं है हुज़ूर! आपकी इज़्ज़त मेरी इज़्ज़त है। आप मुझे हुक्म करते,जब मैं आपका सौदा ला सकता हूँ तो मेहमाननवाज़ी के लिए ज़रूरी चीज़ें भी ला सकता हूँ।

जौन : तुम चुप बैठो, हम सब अदीब हैं ख़ाक से हमारी ख़ास निस्बत[1] है। हम मजबूरी नहीं मुहब्बत की वजह से ज़मीन पर बैठे हैं। मीर साहिब ने तख़्त पर बैठने से इनकार कर दिया और ज़मीन पर बैठ गये तो हम भी उनकी मुहब्बत में यहीं बैठ गये।

जिन : आप लोगों की मुहब्बत देखकर, सॉरी...सुनकर मुझे एक शे'र याद आया।

जौन : तुम चुप रहो तो मैं ज़रा कुछ बात कर लूँ?

मुसहफ़ी : शे'र सुनाने दो जौन!

जौन : जानी! सुनाओ, उस्ताद का हुक्म हो गया तो बात ही ख़त्म।

---

1. लगाव

जिन : शे'र यूँ है हुज़ूर कि—

चन्द शाइर हैं जो इस शह्र में मिल बैठते हैं
वरना लोगों में वो नफ़रत है कि दिल बैठते हैं

सभी लोग : वाह-वाह सुभानअल्लाह...क्या ख़ूब।

मुसहफ़ी : जीते रहिये जिन मियाँ किसका शे'र है?

जौन : जिन जानी, उस्ताद पूछते हैं किसका शे'र है?

जिन : मुझे याद नहीं आ रहा मीलॉर्ड। कोई जावेद अहमद हैं शायद। मीलॉर्ड मैं भी कुछ पूछूँ उस्ताद से।

जौन : नहीं, बिलकुल नहीं।

मुसहफ़ी : ये अमरोहे की हवा है जौन! इसे रोको मत, बहने दो।

जौन : ठीक है, पूछो।

जिन : क्या उस्ताद भी कभी मीर साहिब की तरह इश्क़ में पागल हुए हैं?

मंटो : अरे हाँ, मीर साहिब हमने सुना है आप इश्क़ में पागल हो गये थे? क्या सचमुच ऐसा हुआ था?

जिन : *(बेचैनी से)* उस्ताद ने कुछ बताया मीलॉर्ड?

जौन : थोड़ी देर चुप रहोगे?

मीर : **हम हुए तुम हुए कि मीर हुए**
उसकी ज़ुल्फ़ों के सब असीर[1] हुए

मंटो : यानी ये सच है कि आपने किसी को चिलमन से देखा और उसके असीर हो गये।

---

1. क़ैदी

मीर : सच है मियाँ मंटो लेकिन आख़िरी सच नहीं! इस वाक़ए से पहले के हालात भी इस क़दर तकलीफ़देह हैं कि सुनाने बैठूँ तो एक दफ़्तर[1] जम्अ[2] हो जाए। उस पर इस इश्क़ ने ताबूत में आख़िरी कील का काम किया।

मंटो : हुज़ूर ऐसा भी सुनने में आया है कि वो मुहतरमा सिराजुद्दीन ख़ान आरज़ू साहिब की अज़ीज़ा थीं।

मीर : **क्या क्या इश्क़ में रन्ज उठाये दिल अपना सब ख़ून हुआ**
कैसे रुकते थे ख़फ़गी से आख़िरकार जुनून हुआ।

(जौन समेत सभी लोग शे'र पर दाद देते हैं। जिन, जौन की वाह-वाह सुनकर चहकता है)

जिन : उस्ताद ने क्या फ़रमाया मीलॉर्ड?

(जौन हज़रते-मुसहफ़ी की तरफ़ देखकर माफ़ी माँगने के अन्दाज़ में अपने कानों को हाथ लगाते हैं। फिर जिन से कहते हैं)

जौन : मियाँ उस्ताद फ़रमाते हैं कि मैंने इतने सारे इश्क़ किये कि ख़ुद मुझे भी उनकी सही तादाद याद नहीं।

जिन : ये हुई न बात। देखा? उस्ताद उस ज़माने में भी कितने मॉडर्न ख़याल थे। मीर साहिब की तरह नहीं कि किसी को आधा-अधूरा देखा और पागल ही हो गये। वाह उस्ताद वाह! आप सुन रहे हैं ना मुझे?

---

1. पुलिंदा 2. इकट्ठा

(कानों को हाथ लगाते हुए) अरे...फिर तो मीर साहिब भी सुन रहे होंगे, सॉरी मीर साहिब मैं आपको हर्ट नहीं करना चाहता था।

जौन : ख़ुदा के वास्ते चुप हो जाओ ज़ालिमीन।

जिन : जो हुक्म मीलॉर्ड *(होंठों पे उँगली रखते हुए)* अब एकदम चुप।

(जिन फिर अपने माउथ ऑर्गन में खो जाता है)

मंटो : यार जौन! कुछ भी कहो तुम्हारा जिन है बहुत मज़ेदार करेक्टर।

जौन : चक्रवर्ती चूतिया है ये इसे छोड़िये मंटो भाई! मैं मीर साहिब से बहुत ज़रूरी बात पूछना चाहता हूँ। *(मीर साहिब से)* मीर साहिब! आपकी क़ब्र के मुताल्लिक़ कुछ ऊल-जुलूल बातें सुनने में आती हैं। आप ही बताइये हक़ीक़त क्या है? आपकी क़ब्र कहाँ है?

मीर : बख़ुदा हमें कोई इल्म नहीं जौन! इल्म है तो बस इतना कि अपने वालिद अली मुत्तक़ी के इंतिक़ाल के बाद से अब तक...हम अपनी क़ब्र ख़ुद हैं!

(मीर साहिब कहते-कहते खड़े हो जाते हैं। और लोग भी एहतिरामन उठने लगते हैं तो मीर साहिब हाथ के इशारे से सबको बैठे रहने का इशारा करते हैं)

...मियाँ मंटो तुम हमारे ज़माने में पैदा होते तो न जाने क्या करते। शायद अफ़साने लिखते-लिखते पागल हो जाते।

(कुछ देर...ख़ामोशी के बाद मीर साहिब गहरी साँस

लेकर बोलना शुरू करते हैं)

आज भी कानों में वालिदे-मुहतरम की नसीहत गूँजती है। बेटा इश्क़ करो इश्क़! इश्क़ ही इस कारख़ाना-ए-हस्ती[1] को चलाने वाला है।

ग़ालिब : अगर इश्क़ न होता तो ये निज़ामे-आलम[2] क़ायम ही न हो सकता।

मुसहफ़ी : बग़ैर इश्क़ के ज़िन्दगी बेलज़्ज़त है। इश्क़ में जी जान की बाज़ी लगा देना ही कमाल है। इश्क़ बनाता भी है जलाता भी है,और जो कुछ है वो इश्क़ ही का ज़हूर[3] है। आग में तपिश इश्क़ से है और पानी में रवानी इश्क़ से है।

जौन : ख़ाक में इश्क़ का ठहराव है और हवा में उसकी लगन है। मौत इश्क़ की मस्ती और ज़िन्दगी उसकी होशियारी है। दिन इश्क़ की बेदारी[4] और रात उसकी नींद है।

मीर : इश्क़ का मक़ामो-मर्तबा[5] बन्दगी[6] से, पाकीज़ा इल्म[7] से, सच्चाई और ख़ुलूस[8] से, शौक़ और तलाश से भी बहुत बुलन्द[9] है...

आग थे इब्तिदा-ए-इश्क़ में हम
अब जो हैं ख़ाक इन्तिहा है ये

मंटो : आप कारवाने-इश्क़ में किस वक़्त शामिल हुए?

मीर : इश्क़ में वक़्त किसे याद रहता है मियाँ...याद है तो फ़क़त ये कि उन दिनों जब चाँदनी अपने पर फैलाती

---

1. जीवन का कारख़ाना 2. संसार की व्यवस्था 3. प्राकट्य 4. जागृति 5. स्थान एवं श्रेणी 6. भक्ति 7. पवित्र ज्ञान 8. विनम्रता 9. उच्च

तो एक हसीन जिस्म, बेपनाह ख़ूबसूरती पहने चाँद की डोली से उतरकर मेरी जानिब चला आता और मुझे बेख़ुद कर जाता, और होंट कह उठते—

दिखाई दिये यूँ कि बेख़ुद किया
हमें आप से भी जुदा कर चले

मियाँ...जिस तरफ़ भी नज़र पड़ती...मुँह नज़र आता था दीवारों के बीच...वो एक शक्ल हज़ार शक्लों में नुमायाँ होती। हर एक रात उस परी चेहरा से मुलाक़ात होती और हर सुब्ह उसके चले जाने से दीवानगी में इज़ाफ़ा[1] हो जाता। जूँ-जूँ सुबह की रौशनी बढ़ती जाती वो परीपैकर[2] चाँद की डोली में बैठ नज़रों से ओझल होने लगता...उसकी जुदाई यूँ महसूस होती गोया रौशनी ने आँखों से किनाराकशी इख़्तियार कर ली हो। मैं दौड़ता कि उड़कर चाँद की डोली थाम लूँ। मगर ऐसा मुम्किन न हो पाता, और जुनून और ग़ुस्से की कैफ़ियत[3] में मैं हाथों में पत्थर उठाये ख़ुद को ही ज़ख़्मी कर लेता था। चार महीनों तक ये सिलसिला चला। फिर मेरी हालत पर तरस खाकर वो परीपैकर साया मेरे साथ रहने लगा। यहाँ तक कि लोगों ने मुझे पागल क़रार देकर कोठरी में बन्द कर दिया और मेरे पाँव ज़ंजीरों में जकड़ दिये। इस हादसे के कुछ वक़्त बाद ज़ंजीरें तो खुल गयीं लेकिन वो परीपैकर साया दिमाग़ से मुन्तक़िल[4] होकर दिल में क़याम-पज़ीर[5] हो गया। और हम सजदे की सी सूरत इख़्तियार किये तमाम

1. वृद्धि 2. परी जैसा सुन्दर 3. मन:स्थिति 4. स्थानांतरित 5. निवासी

उम्र उसे देखते रहे...

जबीं सजदा करते ही करते गयी
हक़्क़े-बन्दगी हम अदा कर चले

(कुछ देर को ख़ामोशी छा जाती है। मंटो अपनी बोतल का आख़िरी घूँट पीकर बोतल ख़ाली करता है और जौन अपना गिलास ख़ाली करते हैं। फिर हज़रते-मुसहफ़ी ख़ामोशी तोड़ते हैं।)

मुसहफ़ी : मीर साहिब हमने ये वाक़िआ दिल्ली रिहाइश[1] के दौरान लोगों से सुना था। फिर आपने जब 'ज़िक्रे-मीर' में इसे दर्ज किया तो पढ़ा भी। आज आपकी ज़बानी सुन भी लिया।

मीर : मुसहफ़ी साहिब! तुमने भी तो वो ज़माना देखा ही है। अजीब दौर था। बादशाह की शाइरी, शाइरी की बादशाह हुआ करती थी। तुम जैसे लोगों को ग़ज़लें बेच-बेचकर ज़िन्दगी करना पड़ी।[2] इससे ज़ियादा अफ़सोसनाक बात और क्या हो सकती है।

मंटो : मुसहफ़ी साहिब क्या आपने अपनी ज़िन्दगी की तरह ज़ियादातर शाइरी भी लखनऊ में की?

मुसहफ़ी : **ऐ साहिबो शाइर नहीं पूरब में हुआ मैं**
दिल्ली ही में चोरी मिरा दीवान गया था

मंटो : इस मुआमले में मिर्ज़ा साहिब! आप ज़ियादा तेज़ निकले, आपने तो अपने कलाम के साथ-साथ ख़तों को भी सँभाले रक्खा लेकिन वो तस्वीरे-बुताँ और

---

1. निवास 2. जीवन-यापन

चन्द हसीनों के ख़ुतूत कहाँ हैं?

ग़ालिब : मियाँ मंटो उन ख़ुतूत[1] के सारे सुबूत भी अब हमारी तरह ज़ेरे-ख़ाक[2] हैं? ख़ैर सुना है ख़ुतूत तो तुमने भी बहुत लिखे।

मुसहफ़ी : मियाँ आप दोनों ही ने तो हरकारों को रोज़गार का मौक़ा अता[3] किया वरना भूकों मर जाते बेचारे...।

(सभी हँस पड़ते हैं। जौन नशे की झोंक में अपनी क़ब्र की तख़्ती से पीठ टिका लेते हैं)

मंटो : उस्ताद एक बात जौन के बारे में सुन लीजिये। इस कमबख़्त ने तो अपने माशूक़ों को ऐसे-ऐसे ख़त लिखे हैं कि जो सामने आ जाएँ तो हंगामा बरपा हो जाए।

ये इतना ख़ुराफ़ाती था कि ख़ुद ख़वातीन[4] के नाम से अफ़साने लिखा करता था। हद तो ये कि उन अफ़सानों को पढ़कर लोग अफ़साना निगार[5] की मुहब्बत में गिरफ़्तार भी हो गए। *(सब हँसते हैं)* जौन! ये बताओ कि अक्सर औक़ात[6] तुम अपने हमअसरों[7] या छोटों को खरी-खोटी क्यों सुना देते थे। तुम्हारी बेअदबियों के क़िस्से अदब में भरे पड़े हैं।

जौन : *(तंज़ से)* ये आप पूछ रहे हैं मंटो भाई? ख़ैर... फ़ारसी के मशहूर शाइर मौलाना अब्दुर्रहमान जामी के दो वाक़ए सुनिए। एक मर्तबा एक मुहमलगो[8] शाइर जो ख़ुद को सूफ़ी भी कहता था मौलाना के

---

1. पत्र 2. मिट्टी के नीचे 3. प्रदान 4. महिलाओं 5. लेखक 6. वक़्त का बहुवचन 7. समकालीन 8. निरर्थक रचने वाला

पास पहुँचा और एक-पर-एक अपना बेहूदा कलाम दाग़ने के बाद फ़रमाया।

"मैंने ख़ाना-ए-का'बा[1] पहुँचकर बरकत के ख़याल से अपने दीवान को संगे-अस्वद[2] पर मला था।"

ये सुनते ही मौलाना के मू-ए-ज़ेरे-नाफ़[3] सुलग उठे और उन्होंने अपने ग़ुस्से पर पानी डालते हुए बड़ी आहिस्तगी से कहा।

"मियाँ होना तो ये चाहिए था कि तुम अपने दीवान को आबे-ज़मज़म[4] में अच्छी तरह धो लेते।"

(सभी का एक ज़ोरदार क़हक़हा गूँजता है। जौन अपनी रौ में बोलते हैं)

हज़रात दूसरा वाक़िआ भी सुनिए।

"ऐसे ही एक और हज़रत आये उन्होंने इस्लाह[5] की ग़रज़ से मौलाना को अपनी कोई चीज़ सुनाई जो उनके मुताबिक़ ग़ज़ल थी और मौलाना से ज़ोर देकर कहा कि "हुज़ूर इस ग़ज़ल की ख़ुसूसियत[6] देखिये कि इस पूरी ग़ज़ल में एक भी अलिफ़[7] नहीं है"। मौलाना ने इस्लाह की।

"मियाँ ख़ुसूसियत और बढ़ जायेगी, अगर तुम इसमें से तमाम हरूफ़[8] सिरे से ग़ायब कर दो।"

(फिर सभी का एक ज़ोरदार क़हक़हा गूँजता है, जौन नशे में जम्हाई लेते हुए आगे कहते हैं)

अब आई बात समझ में मंटो भाई? कि मैं किससे,

---

1. मुस्लिमों का पवित्र स्थान 2. काबे का पवित्र काला पत्थर 3. गाली 4. पवित्र पानी 5. संशोधन 6. विशेषता 7. उर्दू वर्णमाला का पहला अक्षर 8. अक्षर

क्या और क्यों बोलता था।

मंटो : मियाँ जौन! इन्हीं मौलाना जामी का एक क़िस्सा हमसे भी सुनो, एक मर्तबा एक शाइर ने मौलाना को अपनी ग़ज़ल सुनाई और ख़्वाहिश ज़ाहिर की—

''हुज़ूर मैं चाहता हूँ कि अपनी ग़ज़ल शहर के दरवाज़े पर लटका दूँ ताकि ज़ियादा से ज़ियादा लोग पढ़ सकें।''

मौलाना ने फ़रमाया—

''इससे ये कैसे मालूम होगा कि ये तुम्हारी ग़ज़ल है? इसलिए मुनासिब यही है कि तुम भी इसके साथ लटक जाओ ताकि लोग ग़ज़ल पढ़ें और तुम्हें दाद देते हुए घर जाएँ।''

(सब एक साथ ठहाका लगाते हैं। जौन नींद की आग़ोश[1] में सर क़ब्र के तख़्त से सटा लेते हैं। मंटो बात आगे बढ़ाते हैं)

मियाँ! शराब तो ख़त्म हो गयी। अब शाइरी पी जाए। वो क्या क़ितआ[2] है तुम्हारा? तुम मिरा नाम क्यों नहीं लेतीं...

जौन : मंटो भाई ...वो तो दौरे-क़ब्ले-मसीह[3] का मुआमला है। फिर भी आप कहते हैं तो हाज़िर करता हूँ ...।

(जौन नींद और शराब के नशे में बुदबुदाते हैं)

शर्म, दहशत, झिझक, परेशानी
नाज़ से काम क्यों नहीं लेतीं

---

1. घेरे 2. ग़ज़ल से अलग एक ही विषय के शे'र 3. ईसा पूर्व

आप, वो, जी मगर ये सब क्या है
तुम मिरा नाम क्यों नहीं लेतीं...

(सभी दाद देते हैं। जौन बेसुध हो जाते हैं। मंटो ग़ालिब की जानिब रुख़ करके उनसे कुछ पढ़ने का इसरार करते हैं। ये सारी अदाकारी बग़ैर आवाज़ के होती है। मौक़े के मुताबिक़ पसमंज़र में मौसीक़ी[1] चलती है। ग़ालिब जब कलाम सुनाने को तैयार होते हैं तो सबकी निगाह वापस जौन की तरफ़ जाती है। मौसीक़ी बन्द हो जाती है। मंटो, जौन को झिंझोड़ते हैं)

मंटो : ये क्या मियाँ? मिर्ज़ा साहिब को सुनने की बारी आई तो सो गये तुम? हाय तुम्हारे खर्राटे...।

(पसमंज़र[2] में एक ठुमरी 'हमरी अटरिया पे...' के म्यूज़िक की आवाज़ सुनकर जिन उठ खड़ा होता है और आवाज़ की सिम्त लपकता है। मंज़र अगले मंज़र में तब्दील हो जाता है)

---

1. संगीत 2. नेपथ्य

पाँचवाँ मंज़र

❖

मक़ाम : क़ब्रिस्तान का कोई कोना

किरदार : रक़्क़ासा, जिन

ये मंज़र सोते हुए जौन के दिमाग़ में चल रही उथल-पुथल का नतीजा है। इसलिए इसके डायलॉग में कनेक्टिविटी नहीं रहेगी। इस मंज़र को नाटक के शुरुआती सीन की अगली कड़ी भी माना जा सकता है। इस मंज़र में रक़्क़ासा रक़्स कर रही है। बैकग्राउंड में ठुमरी के बोल सुनाई पड़ रहे हैं। जिन स्लो मोशन में आता है और रक़्क़ासा को देखकर ठिठक जाता है। रक़्क़ासा की निगाह जिन पर पड़ती है वो अपनी जगह पर स्टेचू बन जाती है। ठुमरी के बोल रुक जाते हैं। एक वक़्फ़े[1] के बाद रक़्क़ासा सवाल करती है।

---

1. अंतराल

❖

रक़्क़ासा : आप कौन?

जिन : और कौन? जौन! लेकिन आप कौन?

रक़्क़ासा : आप कैसे जौन हैं जो मुझे नहीं पहचानते? मैं ज़हिना साइकी, मैं फ़रूज़ आफ़शिद[1]

मैं

फ़ारेहा, निगारीना, रंग रंग रंगीना
मैं ही हूँ फ़रोज़ीना
मैंने ही तो लिखा था मेरे ख़त जला दीजे
मुझको फ़िक्र रहती है आप उन्हें गँवा दीजे
आपका कोई साथी देख ले तो क्या होगा
देखिये मैं कहती हूँ ये बहुत बुरा होगा

जिन : **मुझको ऐसे ख़त लिखकर अपनी सोच में शायद**
जुर्म कर गयी हो तुम
और ख़याल आने पर उससे डर गयी हो तुम
जुर्म के तसव्वुर में गर ये ख़त लिखे तुमने
फिर तो मेरी राए में जुर्म ही किये तुमने
जुर्म क्यों किए जाएँ
ख़त ही क्यों लिखे जाएँ?

---

1. जौन साहब ने महिलाओं के फ़र्ज़ी नाम से कुछ लेख और कहानियाँ लिखी हैं। ये उन्हीं में से दो नाम हैं इसी तरह उन्होंने अपनी प्रेमिकाओं के भी काल्पनिक नाम गढ़ लिए थे जैसे कि फ़ारेहा, सोफ़िया इत्यादि।

(ये कहकर जिन अपनी जगह पर स्टेचू हो जाता है। अगले सभी डायलॉग कंटीन्यूटी को ब्रेक करेंगे इसलिए मौक़े की मुनासिबत से म्युज़िक का इस्तेमाल किया जाय तो बेहतर होगा। हलके वक़्फ़े के बाद रक़्क़ासा अपनी जगह खड़े-खड़े न्यूज़ रीडर की तरह बोलना शुरू करती है।)

रक़्क़ासा : फ़िराक़ गोरखपुरी के सिलसिले में ये बात सबको मालूम है कि उनके तेरह-चौदह साला बेटे ने ख़ुदकुशी कर ली थी। यक़ीन के साथ इसकी वजह मालूम नहीं लेकिन इलाहाबाद में कुछ ऐसा सुना था कि फ़िराक़ साहिब ने, अपने बेटे के किसी दोस्त के साथ कुछ गड़बड़ करने की कोशिश की थी। जिसके सदमे और ग़ैरत से बेटे ने अपनी जान देने की ठान ली। ज्ञानचन्द जैन[1]

(जिन भी उसी तरह मशीनी अंदाज़ में सूचना देता है)

जिन : एक अदबी मारिके में ख़्वाजा मीर दर्द के शागिर्द जनाबे महशर को जुरअत के शागिर्द 'मुहलत' ने क़त्ल कर दिया था। बाद में 'महशर' के ख़ानदान वालों ने 'मुहलत' की जान लेकर बदला चुकाया। डॉ. खलिक अंजुम[2]

रक़्क़ासा : *(नॉर्मल अन्दाज़ में लौटते हुए)*

हमने जाना तो हमने ये जाना
जो नहीं है वो ख़ूबसूरत है

---

1. स्रोत: डॉक्टर ज्ञान चन्द जैन द्वारा लिखित आर्टिकल 'फ़िराक़ साहिब से मेरी मुलाक़ातें'
2. स्रोत : 'मीर तक़ी मीर के अदबी मारिके' नामक पुस्तक में डॉक्टर ख़लीक़ अंजुम का आलेख

जिन : और जो है?

रक़्क़ासा : वो बस है।

जिन : **न करो बहस हार जाओगी**
हुस्न इतनी बड़ी दलील नहीं।

रक़्क़ासा : **किसको फ़ुर्सत कि मुझसे बहस करे**
और साबित करे कि मेरा वजूद
ज़िन्दगी के लिए ज़रूरी है

जिन : क्या तुम्हें इल्म है जौन एलिया मर गए?

रक़्क़ासा : हाँ मुझे इल्म है। लेकिन शायद तुम्हें इल्म नहीं कि उनका क़त्ल हुआ।

जिन : क़त्ल हुआ? कब, कैसे? क्या तुम जानती हो उनके क़ातिलों को?

रक़्क़ासा : हाँ मैं जानती हूँ और अब ज़रा कलेजे को थाम लो कि मैं उन लोगों के नाम लेने वाली हूँ।

जिन : जल्दी कहो।

रक़्क़ासा : जौन एलिया! के क़ातिल हैं तनहाई और बेवफ़ाई।

जौन एलिया! के क़ातिल हैं इल्मी बौने।

जिन : *(जैसे कुछ याद आ गया हो ख़ुदकलामी करते हुए)*

दास्ताँ ख़त्म होने वाली है
तुम मिरी आख़िरी मुहब्बत हो

रक़्क़ासा : *(अपनी रौ में बोलती जाती है)*

जौन एलिया! की क़ातिल है तहज़ीब[1]।

---

1. संस्कृति

जौन एलिया! की क़ातिल है रिवायत[1]।

जौन एलिया! के क़ातिल हैं उनके अपने ख़ून के रिश्ते।

जौन एलिया के क़ातिल हैं ख़ुद जौन एलिया...

जिन : *(अपनी धुन में बड़बड़ाता हुआ विंग की तरफ़ जाने लगता है)*

तुम जब आओगी तो खोया हुआ पाओगी मुझे
मेरी तनहाई में ख़्वाबों के सिवा कुछ भी नहीं
मेरे कमरे को सजाने की तमन्ना है तुम्हें
मेरे कमरे में किताबों के सिवा कुछ भी नहीं...

(इसी के साथ बैकग्राउंड में ठुमरी के बोल दोबारा बज उठते हैं रक़्क़ासा अपने रक़्स में मशग़ूल[2] हो जाती है। मंज़र ख़त्म होता है।)

---

1. परंपरा 2. लीन

छठा मंज़र

❖

मक़ाम : क़ब्रिस्तान

किरदार : जौन एलिया, ज़ालिमीन जिन,
शाहाना एलिया

इस मंज़र में जौन उसी तरह तख़्त से पीठ टिकाये खर्राटे भर रहे हैं। बाक़ी शाइर ग़ायब हैं। जिन अपनी जगह माउथ ऑर्गन बजाने में मस्त है। मंटो वाली बोतल शराब समेत रखी है। ऑर्गन बजाते-बजाते जिन की नज़र जौन पर पड़ती है। जिन उठकर उनके नज़दीक आता है।

❖

जिन : मीलॉर्ड! उठिये! उठकर आराम से मुर्दे की तरह तख़्त पर लेट जाइए।

(जौन चौंककर जागते हैं। जिन की ओर देखते हैं)

जिन : *(जल्दी-जल्दी बोलता है)* हुज़ूर मेरा नाम ज़ालिमीन है! मैं आपके ननिहाल यानी अमरोहे से आया हुआ आपका साया हूँ। मैंने अपनी रौशनी जितनी मुम्किन थी उतनी कम कर ली है। मैं जानता हूँ कि आपको रौशनियों से तकलीफ़ है। लेकिन अब रौशनी इससे ज़ियादा कम नहीं हो सकती क्योंकि मैं एक जिन हूँ और ख़ुदा ने मुझे आग से क्रियेट किया है। ये मेरी नहीं आग की रौशनी है...।

जौन : मियाँ क्या तुम्हारी ज़बान को लूज़ मोशन की शिकायत है?

जिन : *(मुँह लटकाकर)* नहीं हुज़ूर...वो आप बार-बार पूछते हैं तो सोचा इस बार मैं पहले ही बता दूँ।

जौन : जानी, इसी का नाम बेहूदगी है। जब पूछा जाये तभी बताया करो।

(चारों तरफ़ नज़र दौड़ाते हुए)

अच्छा ये बताओ,ये लोग कहाँ ग़ायब हो गये?

जिन : कौन लोग मीलॉर्ड?

जौन : अभी तो साथ थे यहीं...मिर्ज़ा साहिब...मीर साहिब... उस्ताद मुसहफ़ी। मंटो भाई और हम शराब पी... *(तभी उनकी नज़र बोतल पर पड़ती है)* मियाँ...ये तो ख़ाली हो गयी थी फिर दोबारा कैसे भर गयी?

जिन : *(तंज़ कसता है)* अब आपको कौन से हॉस्पिटल ले चलूँ मीलॉर्ड?

(तभी एक म्यूज़िक के साथ स्टेज पर शाहाना एलिया जज़्बाती अन्दाज़ में आती हैं और आकर अपने कन्धे पर लटका थैला उतारकर एक किनारे रखते हुए क़ब्र के सिरहाने की तरफ़ बैठ जाती हैं)

शाहाना : चचा जौन, मेरे सुक़रात, मेरे एरिस्टोटिल...।

(जौन हैरत से जिन की तरफ़ देखते हुए पूछते हैं)

जौन : जानी, ये कौन है?

जिन : ये आपकी प्यारी भतीजी, भाई रईस अमरोहवी की साहिबज़ादी शाहाना एलिया हैं। इन्होंने आप पर किताब लिखी है हुज़ूर। याद है एक रोज़ आपने इनसे वादा लिया था कि ये आप पर किताब लिखें।

जौन : *(शाहाना को देखते हुए)* मुझे मुआफ़ करियो मेरी बच्ची। मैं तुझे पहचान नहीं पाया।

क्या सितम है कि अब तिरी सूरत
ग़ौर करने पे याद आती है

तूने किताब लिखी, अपना वादा निभाया? मैं बाबा से किया हुआ वादा पूरा न कर सका। मैं बड़ा नहीं

हो पाया। तू बड़ी हो गयी। बहुत बड़ी। किताब लायी है? ला मुझे दिखा। तू जवाब क्यों नहीं देती?

जिन : मीलॉर्ड ये आपकी आवाज़ नहीं सुन सकतीं।

जौन : ये क्या बात हुई? क्यों नहीं सुन सकती?

जिन : क्योंकि ये ज़िन्दा हैं। और ज़िन्दा लोग आपको देखने–सुनने से क़ासिर[1] हैं।

जौन : अच्छा?

(शाहाना से)

कितनी दिलकश हो तुम कितना दिलजू[2] हूँ मैं
क्या सितम है कि हम लोग मर जायेंगे

शाहाना : चचा जौन! क्या वाक़ई तुम मर गये? तुम मर कैसे सकते हो?

एक ही फ़न तो हमने सीखा है
जिससे मिलिए उसे ख़फ़ा कीजे

ये कहने वाला शख़्स क्यों मलकुल–मौत[3] को ख़फ़ा न कर सका? क्यों ये मिट्टी का लिबास पहन लिया तुमने? तुम सुन रहे हो ना, मैं क्या कह रही हूँ। सुनो, मुझे तुमसे झगड़ा करना है। शिकायतें करनी हैं। मैं लड़ना चाहती हूँ तुमसे। सुन रहे हो ना? दी ग्रेट जौन एलिया।

जौन : *(जिन से)* जानी,ये लड़ना क्यों चाहती है?

जिन : मीलॉर्ड ये आपका घरेलू मैटर है। इसमें मैं कोई दख़्ल देना नहीं चाहता।

---

1. असमर्थ 2. हसीन 3. यमदूत

जौन : लेकिन तुम भी तो हमारे ही घर के हो ?

जिन : हाँ, लेकिन मैं हिन्दुस्तान वाले घर का हूँ। पाकिस्तान के घरेलू रिश्तों में मेरा कुछ बोलना मुनासिब नहीं।

शाहाना : चचा जौन! यूँ ही एक बात याद आ गयी। बाजी अम्मी बताती थीं कि जब तुम पैदा हुए थे तो तुम रोये नहीं थे। तुमने क़हक़हा लगाया था। वही क़हक़हा तुम्हारी ज़िन्दगी का पहला और आख़िरी क़हक़हा साबित हुआ। उसके बाद तो अम्माँ का सारा ग़ुस्सा, दुख, घुटन, परेशानियाँ यकजा[1] होकर तुम्हारा वजूद बन गयीं। तुम उनकी महरूमियों[2] का मुजस्समा[3] हो गये। तुम ज़ालिमीन हो गये। बदमिज़ाज, कड़वे, ज़हरीले, हर वक़्त हर किसी से लड़ने पर आमादा। जौन एलिया की शक्ल में ज़ालिमीन जिन।

जिन : ये ख़ामख़ाह अपने आपसी मुआमलों में मेरा नाम घसीट रही हैं। मुझे ये बात बिलकुल पसन्द नहीं, इनको रोकिये मीलॉर्ड!

जौन : मियाँ रोकना हमारे बस में होता तो हम क़त्लो-ग़ारत[4] को रोकते। मुल्क की तक़सीम[5] को रोकते। जाहिलों की हुकूमत को रोकते। कम्बख़्त आँखों में चुभती हुईं रौशनियों को रोकते। अपनी ज़िन्दगी से दूर जाते हुए बीवी-बच्चों को रोकते। अपनी माशूक़ाओं को रोकते। मियाँ हम आज तलक ख़ुद को तो रोक नहीं पाये इसे क्या ख़ाक रोकें ? और

---

1. गहरी 2. नाकामियों 3. मूर्ति 4. मार-काट 5. बँटवारा

तुमने ही तो अभी कहा कि ये ज़िन्दा लोग हैं। हमें देखने-सुनने से क़ासिर।

शाहाना : चचा जौन! ऐसा भी कोई है जो तुम्हारी ज़बान के नश्तर से बच गया हो? तुम ठीक ही कहते थे, ''मैं नाग हूँ मेरा डसा पानी नहीं माँगता।'' चचा जौन तुम नीला नाग हो।

जौन : *(जिन से)*

बोलते क्यों नहीं मिरे हक़ में
आबले[1] पड़ गये ज़बान में क्या

क्या कह रही है ये। क्या मैं ऐसा कहता था?

जिन : मैंने नहीं सुना मीलॉर्ड, मेरी ग़ैर हाज़िरी में कहा होगा।

जौन : चलो, तुम अपनी बताओ, तुम्हारे मुताबिक़ क्या मैं ऐसा हूँ? मैं ऐसा कह सकता हूँ?

जिन : मीलॉर्ड आप कुछ भी कह सकते हैं, कुछ भी कर सकते हैं, कभी भी, कहीं भी। आपका कोई एक रंग, एक चेहरा नहीं रहा। न ज़िन्दगी में, न शाइरी में।

जौन : मियाँ तुम बूढ़े हो, बुज़ुर्ग[2] नहीं। हमें समझना बूढ़ों के बस की बात नहीं।

(जिन मुँह लटका लेता है जौन शे'र पढ़ते हैं)

इक हुनर है जो कर गया हूँ मैं
सबके दिल से उतर गया हूँ मैं

---

1. छाले 2. महात्मा

शाहाना : **अच्छन, बच्छन, छब्बन जौन**
इन चारों में अच्छा कौन

जिन : *(चहकते हुए)* कुछ याद आया मीलॉर्ड?

जौन : मियाँ हम भाइयों के लिये ये शे'र तो इसने चार साल की उम्र में कहा था। अच्छन यानी भाई रईस अमरोहवी, बच्छन सय्यद मुहम्मद अब्बास, छब्बन सय्यद मुहम्मद तक़ी और जौन तो हम हैं ही। जो बच्ची चार साल की उम्र में ऐसा शे'र कह सकती हो, वो कुछ भी कर सकती है। मैंने तो आठ साल की उम्र में पहला शे'र कहा, ये मुझसे बाज़ी मार ले गयी। चार साल की उम्र में कमाल कर दिया इसने... इधर आ मेरी बच्ची बोसा दे बोसा ।

जिन : मीलॉर्ड वो बच्ची अब बड़ी ही नहीं बूढ़ी भी हो चुकी है मेरी तरह।

जौन : अमा तुम अपनी बेहूदा मिसाल मत दिया करो। वो कितनी भी बड़ी क्यों न हो जाय मेरे लिये तो बच्ची ही रहेगी। मैं इसका बाप हूँ, चचा जौन हूँ, दोस्त हूँ, और तो और मैं इसका उस्ताद हूँ। मैंने इसे फ़लसफ़ा[1] पढ़ाया है 'बाइबिल' पढ़ाई है...ये और बात है कि इसे सँवारने में मेरा एक किलो का दिमाग़ छँटाक भर का रह गया।

शाहाना : चचा जौन। तुमने मुझे 'बाइबिल' पढ़ाई थी न? पता है जब मैं अमरोहे गयी तो मुझे लगा 'बाइबिल' वाले लोग जैसे अमरोहे वाले हैं।

---

1. दर्शन

जौन : हाय मेरा अमरोहा! तूने फिर वो बात याद दिला दी मेरे बच्चे, जिसे मैं कभी भूला ही नहीं। ज़ालिमीन जानी, तुम अमरोहा जा सकते हो?

जिन : आय एम सॉरी मीलॉर्ड। ये अभी मुम्किन नहीं है।

जौन : क्यों मुम्किन नहीं है?

जिन : इस वक़्त हिन्दुस्तान का वीज़ा मिलना ज़रा मुश्किल है।

जौन : लेकिन क्यों? ऐसी भी क्या वजह है कि तुम अपने घर नहीं जा सकते?

जिन : हालात बहुत ख़राब हैं मीलॉर्ड।

जौन : मियाँ क्या हालात ख़राब? तुम्हें इल्म होना चाहिए कि सन् 1971 की भारत-पाक जंग के बाद हम वो पहले शख़्स थे जिसे हिन्दुस्तान का वीज़ा मिला था।

जिन : तब की बात और थी मीलॉर्ड! अब तो हालात बद से बदतर होते जा रहे हैं। दोनों मुल्कों के दीनी मुआमलात[1] ने सियासी लबादा ओढ़कर इंसानों में ज़हर भर दिया है।

जौन : **कहाँ का दीन कैसा दीन क्या दीन**
ये क्या गड़बड़ मचाई जा रही है

जिन : इस गड़बड़ की बुनियाद में भी तो चन्द अदीब[2] और दानिश्वर[3] ही थे। आप को तो सारा इल्म है। अब वो ज़हर भरा पौधा बढ़कर ख़तरनाक दरख़्त

---

1. धार्मिक मामले 2. साहित्यकार 3. बुद्धिजीवी

की सूरत इख़्तियार कर चुका है। ख़ुदा जाने आगे क्या हो।

जौन : **ऐ ख़ुदा! (जो कहीं नहीं मौजूद)**
क्या लिखा है हमारी क़िस्मत में

शाहाना : चचा, एक बात समझ में नहीं आई। जब तुम इतने शर्मीले थे कि भाई[1] से कुछ कहना होता तो मेरे ज़रिये कहलवाते थे। लड़कियों के सामने हद दर्जा शर्माते थे। तो मुशायरों में इतना ड्रामा कैसे कर लेते थे।

जौन : जानी, तू ठीक कहती है। मैं बज़ाहिर[2] मुँहफट नज़र आने वाला फ़ितरतन[3] बेहद शर्मीला हूँ। जभी तो मैं दो-चार पैग चढ़ाये रहता था। ताकि मजमे[4] का रौब मुझ पर से ख़त्म हो जाय।

जिन : और आपका रौब मजमे पर तारी हो जाय।

(जौन ग़ुस्से में जिन की तरफ़ देखते हैं)

जिन : *(तंज़ कसता है)*

एक ही हादसा तो है और वो ये कि आज तक
बात नहीं कही गयी बात नहीं सुनी गयी

जौन : *(कुछ याद करते हुए)*

उसकी उमीदे-नाज़ का हमसे ये मान था कि आप
उम्र गुज़ार दीजिये उम्र गुज़ार दी गयी

ज़ालिमीन, जानी।

जिन : जी मीलॉर्ड।

---

1. शाहाना एलिया अपने पिता को भाई कहा करती थीं 2. प्रत्यक्ष 3. स्वभाव से 4. सभा

जौन : क्या मेरी नज़्में मेरे बेटे ज़रयून ने पढ़ी हैं?

जिन : ज़रूर पढ़ी होंगी मीलॉर्ड।

जौन : जानी अब भी हर वक़्त यही महसूस होता है कि ज़ाहिदा चाय की प्याली थामे मुझे जगा रही है, क्या तुम ज़ाहिदा को यहाँ बुला सकते हो?

जिन : मुश्किल है मीलॉर्ड।

जौन : तुम्हारे लिए कुछ आसान भी है।

जिन : जी मीलॉर्ड आपका 'सौदा' ले आना मेरे लिए बाएँ हाथ का खेल है।

जौन : **वो जो न आनेवाला है ना उससे मुझको मतलब था**
आने वालों से क्या मतलब आते हैं आते होंगे

शाहाना : चचा जौन! इस वक़्त ज़ेहन की किताब बेचैन है। किताब के सफ़हात पर सारे वाक़िआत यूँ उभर आये हैं जैसे पानी में डूबी हुई लाश। वो लम्हा याद आ रहा है जब तुम सिगरेट उँगलियों में दबाये बेख़याली में सो गये थे और तुम्हारी रज़ाई में आग लग गयी थी। वो मंज़र भी याद आ रहा है जब तुम भाई के क़त्ल के बाद अक्सर शराब के नशे में धुत, भाई की तस्वीर के आगे रोते और झगड़ते थे और वो भी कि जब तुम ज़ाहिदा से तलाक़ के बाद बच्चों की तरह बिलखकर रोते थे। तुमसे सुना ड्रामे का वो सीन भी महसूस कर रही हूँ जिसमें तुम बादशाह बने थे और अपने क़त्ल का अन्दाज़ा हो जाने पर अपनी औलाद अपने भरोसेमंद वज़ीर को सौंप देते हो। तुमने बताया था कि उस सीन में तुम्हारी गोद

में जो बच्चा था वो मैं थी, और जैसे ही तुमने मुझे वज़ीर के हाथों में सौंपा, मैं ज़ोर-ज़ोर से रोने लगी। इसी वजह से ड्रामे में ऐसा नेचुरल असर पैदा हुआ कि लोग तुम्हारी राइटिंग, एक्टिंग और डायरेक्शन के साथ-साथ इस सीन को भी बरसों नहीं भूले। सीन तो गुज़र गया चचा जौन। मगर मैं अब तक रो रही हूँ।

जौन : **शहरे-दिल और शहरे-दुनिया अलविदाअ**
हम तो दोनों ही तरफ़ से कट गये

शाहाना : चचा, तुम इल्म के जिस ऊँचे दर्जे पर क़ायम हो ना, वहाँ से यक़ीनन तुम्हें पूरा मुआशरा[1] बौना ही नज़र आता होगा। याद है, तुमने मुझे शाहाना रईस से शाहाना एलिया बनाया था। मैंने पूछा था कि न मैं तुम्हारी बेटी हूँ, न बीवी तो एलिया क्यों? तो तुमने क्या जवाब दिया था?

जौन : "क्या तू बाबा की पोती नहीं है? मैंने भी बाबा से ये नाम लिया है। तो तू क्यों नहीं ले सकती?"

शाहाना : इल्म और हाज़िर जवाबी तो कोई तुमसे सीखे। अच्छे-अच्छे तुम्हारे आगे पानी भरें। तुम्हें ही ज़ेब देता था कि तुम ये फ़िक़रा[2] कसो। 'जिन्हें पढ़ना चाहिए वो लिख रहे हैं'। ये जुमला तुम्हारे साथियों में कोई और कहता तो हँसी आती मुझे।

जौन : *(ख़ुदकलामी करते हुए)*

---

1. समाज 2. व्यंग्यात्मक वाक्य

इन किताबों ने बड़ा ज़ुल्म किया है मुझ पर
इनमें इक रम्ज़[1] है
जिस रम्ज़ का मारा हुआ ज़ेहन
मुज़्दा-ए-इशरते-अंजाम[2] नहीं पा सकता
ज़िन्दगी में कभी आराम नहीं पा सकता

शाहाना : लेकिन चचा जौन! तुम्हारी शख़्सियत में इतना तज़ाद[3] क्यों है? एक तरफ़ तो तुम हसीन औरतों को बेज़मीर[4] कहते हो उन्हें ज़लील[5] करने की बात करते हो, ऐसा क्यों?

जौन : क्योंकि मैंने हसीन औरतों को आमतौर पर बेज़मीर और लालची पाया है। कम-से-कम मुझे तो किसी बाज़मीर[6] और बेग़रज़[7] हसीना से मिलने का आज तक मौक़ा नहीं मिला। मैंने कोई और कारनामा अंजाम दिया हो या न दिया हो मगर एक कारनामा ज़रूर अंजाम दिया है और वो ये कि मैंने हसीन लड़कियों को बुरी तरह ज़लील किया है, इसलिए कि मुझे उनसे मीर तक़ी मीर का इन्तिक़ाम लेना था।[8]

शाहाना : ...और दूसरी तरफ़ तुम हसीन औरतों से इश्क़ भी करते हो। इश्क़ के इज़हार को मेयार[9] से गिरा हुआ बताते हो और फिर ख़ुद ही इश्क़ में ख़ून से ख़त भी लिखते हो। अच्छा चचा, ये तो बताओ! वो सच में ख़ून ही था क्या।

---

1. इशारा 2. परिणामस्वरूप आनंददायक शुभ समाचार 3. विरोधाभास 4. जिसकी अंतरात्मा मरी हो 5. अपमानित 6. जिसकी अंतरात्मा जीवित हो 7. नि:स्वार्थ 8. कहा जाता है कि प्रेयसी की उपेक्षा के कारण मीर तक़ी मीर पागल हो गए थे 9. स्तर

(जिन ये सुनकर ज़ोर-ज़ोर से हँसने लगता है)

जौन : ये क्या चुतियापा है?

क्या तकल्लुफ़ करें ये कहने में
जो भी ख़ुश है हम उससे जलते हैं

बख़ुदा जलते हैं। क्या तुम्हें इल्म नहीं कि बेकार की हहा-ठिठी अदब के ख़िलाफ़ है?

जिन : मैं कौन सा अदीब हूँ मीलॉर्ड।

जौन : अदीबों के ख़ानदानी जिन तो हो। तुम्हें मेरे साथ नहीं भाई चंदन के साथ होना चाहिए था।

जिन : भाई चंदन कौन मीलॉर्ड?

जौन : मियाँ तुम पर भी जौनियत सवार हो गयी? तुम भी दुनिया से बेगाने हो गये? भाई चंदन! कमाल अमरोही।

जिन : ओह अच्छा भाई चंदन? लेकिन मुझे उनके साथ क्यों होना चाहिए था मीलॉर्ड?

जौन : वो सिनेमा बनाते थे। तुम्हें काम मिल जाता।

जिन : मुझे सिनेमा पसन्द नहीं मीलॉर्ड?

जौन : कोई ख़ास वजह।

जिन : हुज़ूर सिनेमा वालों का फ़ोकस संस्कृत वाले 'काम' पर ज़ियादा होता है?

जौन : तो मियाँ, इसमें क्या बुराई है?

जिन : कोई बुराई नहीं है मीलॉर्ड, मैं आपसे बहस नहीं करना चाहता। मैंने तो आपके पूछने पर अपनी पसन्द का इज़हार किया।

शाहाना : चचा जौन, मेरे ख़याल में इश्क़ करने में सैकड़ा तो मार ही दिया होगा तुमने?

जौन : यार जिन जानी,ये बात तो सही कह रही है। मगर अफ़सोस ये है मियाँ कि अब ख़ूबसूरत लड़कियाँ हमसे इश्क़ नहीं करतीं।

जिन : ऐसा नहीं है मीलॉर्ड। आप यहाँ बरसों से क़ब्र में हैं इसलिए आपको दुनियावी बातों का कोई इल्म नहीं है। काश, आप देख पाते कि पूरी अदबी दुनिया में ख़ूबसूरत लड़कियाँ आपसे किस क़दर इश्क़ करती हैं। बल्कि यूँ कहना ज़ियादा दुरुस्त होगा कि आपसे इश्क़ करने की वजह से लड़कियाँ ख़ूबसूरत होती जा रही हैं।

जौन : मैं पूरे यक़ीन के साथ कह सकता हूँ कि तुम्हें सियासत में होना चाहिए था।

जिन : वो किसलिए मीलॉर्ड?

जौन : तुम चापलूस अच्छे हो।...मैं तुम्हारे साथ ज़िन्दगी गुज़ार सकता हूँ, मगर तीन घंटे नहीं।

जिन : ऐसा न कहिए मीलॉर्ड।

जौन : क्यों न कहें? कब से चुतियापा पेले जा रहे हो? मियाँ हम शाइर हैं कोई प्राइम मिनिस्टर नहीं कि चिलम बरदारी[1] से ख़ुश होंगे।

जो गुज़ारी न जा सकी हमसे
हमने वो ज़िन्दगी गुज़ारी है

---

1. चिलम भरनेवाले

भले हम इस वक़्त दुनिया में नहीं हैं मगर सब अन्दाज़ा है हमें। हम जौन एलिया हैं मियाँ सय्यद जौन एलिया।

जिन : यही तो मैं कहना चाह रहा हूँ हुज़ूर कि आप जौन एलिया हैं, ये बात लोगों को अब समझ में आ रही है। अब लोग आपको ख़ूब पढ़ रहे हैं। आपकी सारी अच्छी-बुरी ग़ज़लें शाया हो चुकी हैं।

(बुरी लफ़्ज़ पर जौन घूरकर देखते हैं)

जिन : अ...बुरी से मुराद कि जो आपने रद्द कर दी थीं या बरा-ए-मश्क़[1] थीं या तफ़रीहन[2] कह दी थीं। आपको अपने कलाम का इन्तिख़ाब[3] कर देना चाहिए था मीलॉर्ड!

जौन : मुझे अपने क़ारी[4] पर पूरा भरोसा है। शाया कुछ भी हो लेकिन मुझे यक़ीन है कि लोग अपने काम की चीज़ें ख़ुद इन्तिख़ाब कर लेंगे।

जिन : आई एग्री विद यू मीलॉर्ड। सच में लोग आपके कलाम से महज़ काम नहीं संस्कृत वाले 'काम' की चीज़ें भी तलाश कर चुके हैं और आपके ऐसे दीवाने हो गये हैं, ऐसे दीवाने कि ग़ालिब, मीर भी रश्क[5] करें। आपका नाम अपने हाथों पर गुदवा रहे हैं। टीशर्ट, कॉफ़ी मग, थैले, कैलेण्डर पर आपकी तस्वीरें छप रही हैं। गूगल सर्च में आपका नाम टॉप पर है। लोग आपकी तरह ख़ून थूकने और तबाहो-बरबाद होने का ख़्वाब देखते हैं। कुछ लोग

---

1. अभ्यास हेतु 2. हँसी-ठिठोली 3. चुनाव 4. पाठक 5. ईर्ष्या

तो आपके नाम पर अपनी रोज़ी-रोटी तक चला रहे हैं। लेकिन एक अफ़सोसनाक वाक़िआ भी पेश आया मीलॉर्ड! आपको जानकर हैरानी और परेशानी होगी कि एक हिन्दुस्तानी लड़के पर ऐसा 'जौनिज़्म' सवार हुआ कि वो सरेआम ये कहने लगा, "जौन साहिब को अफ़सोस रहा कि उनकी जवानी में मरने की ख़्वाहिश पूरी न हो सकी, मैं उनकी ये ख़्वाहिश पूरी करूँगा" और उसने आपकी ये ख़्वाहिश पूरी भी कर दी। महज़ 25 बरस की उम्र थी उसकी।[1]

जौन : *(जौन बहुत संजीदा हो जाते हैं)* वाक़ई तुम सच कह रहे हो?

जिन : सोलह आना सच मीलॉर्ड।

जौन : *(अफ़सोस के साथ)*

ख़ूब है शौक़ का ये पहलू भी
मैं भी बरबाद हो गया तू भी

(रोते हैं) तुझे ऐसा नहीं करना चाहिए था मेरे बच्चे। किसी को ऐसा नहीं करना चाहिए। मरने के लिए मैं ही काफ़ी हूँ। तुम लोग जियो मेरे प्यारो। भरपूर जियो। सब कुछ करो मगर सिवाय इल्म के मेरे और किसी भी शौक़ को न अपनाओ दोस्तो। मैं सय्यद जौन असग़र एलिया तुमसे हाथ जोड़कर गुज़ारिश करता हूँ।

(कुछ देर ख़ामोशी छा जाती है)

---

1. जौन एलिया का दीवाना हमारा एक साथी शशांक शुक्ला 'बाज़' जिसकी एक सड़क हादसे में मृत्यु हो गयी।

शाहाना : **अब निकल आओ अपने अन्दर से**
घर में सामान की ज़रूरत है

चचा जौन मैं जानती हूँ, तुम सब सुन रहे। तुम तो सरापा रूह हो और रूह को भी कहीं मौत आती है। तुम्हें समझना टेढ़ी खीर है। मैं अर्ज़ कर चुकी हूँ। तुम्हें समझने के लिए अम्माँ को समझना ज़रूरी है। वही अम्माँ जिनके घर की सारी ख़ुशियाँ परदेस जा बसीं, जो अपने बड़े बेटे के हाथों, आँगन में लगाए अनार के पेड़ को आँसुओं से सींचती रहीं इस उम्मीद में कि अच्छन आएगा और इसके फल खायेगा। फल का तो पता नहीं लेकिन अच्छन उनके जीते जी कभी न आया और वो ज़िन्दगी भर यादों के मक़बरे में, जिसे लोग घर कहते थे, अपनी परदेस गयीं ख़ुशियों का इन्तज़ार करती मर गयीं।

जौन : तू झूठ बकती है, अम्माँ कभी नहीं मरीं, मर भी नहीं सकतीं अम्माँ हमेशा मेरे अन्दर हैं वो भी ज़िन्दा। झुँझलाती, ग़ुस्साती, मेरी गालियों पर चराग़पा[1] सी मुझे सरेआम पीटती हुईं।

जिन : हुजूर आप इतनी गालियाँ क्यों बकते हैं।

जौन : मियाँ गालियाँ तो तबर्रुक[2] हैं। ये तबर्रुक मेरे दादा की इनायत है।

शाहाना : चचा, तुम्हें वो मिसरा याद है। जो अपने बड़े बेटे, मेरे वालिद, रईस अमरोहवी की तड़प में अम्माँ पढ़ा करती थीं। '**बाद मरने के मिरी क़ब्र पे आना अच्छन**'।

---

1. क्रोधित 2. प्रसाद

चचा इस मिसरे पर मैंने ग़ज़ल कही है। एक मिनट रुको तुम्हें सुनाती हूँ।

(शाहाना अपने थैले से एक डायरी निकालती है और पढ़ती है)

मेरी रोती हुई ममता को हँसाना अच्छन
चाँद चेहरा मुझे इक बार दिखाना अच्छन

गोद बदली थी मगर प्यार न बदला मेरा
मैंने हर बार ये चाहा था बताना अच्छन

तू ही बसता है मिरे दिल के निहाँ-ख़ाने[1] में
तुझसे पर कह न सकी अपना फ़साना अच्छन

कैसे मोती मेरे हाथों से फिसलकर छूटे
अपनी औलाद ही होती है ख़ज़ाना अच्छन

लोग कहते हैं कि तू भूल गया है मुझको
अब सहा जाता नहीं मुझसे ये ताना अच्छन

लौटकर आने का क्यों वादा किया था मुझसे
तूने वादा जो किया था वो निभाना अच्छन

तेरे बाबा नहीं तैयार वहाँ आने को
तूने भी दूर बसाया है ठिकाना अच्छन

रोज़ ख़्वाबों में मुझे आके रुलाने वाले
कोई मुश्किल नहीं इक माँ को मनाना अच्छन

---

1. तहखाना

ज़िन्दगी में तो तिरी दीद का इम्कान[1] नहीं
बाद मरने के मिरी क़ब्र पे आना अच्छन*

(आख़िरी मिसरे के साथ शाहाना रोने लगती हैं। जौन भी रुआँसे हो जाते हैं)

जौन : मत रो बेटी। अरे कोई इसे चुप कराओ। जिन जानी, तुम्हीं इसे चुप कराओ।

जिन : *(संजीदा लहजे में)* रो लेने दीजिये मीलॉर्ड। अच्छा ही है। आँसुओं के साथ कुछ दिल का ग़ुबार भी निकल जाएगा।

जौन : **दलीलों से दवा का काम लेना सख़्त मुश्किल है**
मगर इस ग़म की ख़ातिर ये हुनर भी सीखना होगा

शाहाना : *(आँसू पोंछते हुए)* चचा जौन! बारहा[2] मुझे महसूस हुआ कि तुम्हें पाकिस्तान नहीं आना चाहिए था। तुम मुकम्मल पाकिस्तान आये भी नहीं। तुम टुकड़ों में आये। तुम्हारा जिस्म यहाँ रहा और ज़हनो-दिल हिन्दुस्तान में। काश, तुम इतने हस्सास[3] न होते, तुम्हारा जिस्म, जिस्म नहीं था पाज़ी का मज़ार था। चलता-फिरता मज़ार। अच्छा हुआ कि तुम मर गये। तुम्हारी तकलीफ़ें कट गयीं।

जौन : ये तो तू समझ रही है बच्ची। मुझसे पूछ मैं किस अज़ाब[4] में हूँ।

जिस्मो-जाँ को तो बेच ही डाला
अब मुझे बेचनी है लाश अपनी

शाहाना : चचा जौन! तुम अपनी ही कही बातों से मुकर कैसे

---

1. संभावना 2. प्राय: 3. भावुक 4. तकलीफ़ * यह कविता शाहाना एलिया की है

सकते हो? याद है, तुम कहा करते थे कि मुझे अपनी भतीजियाँ इतनी प्यारी हैं कि मैं उन पर बेटियाँ क़ुर्बान कर सकता हूँ। फिर ऐसा कैसे हो गया कि तुम अचानक अपने मेयार से गिरकर उसी प्यारी भतीजी को दुश्मन समझने लगे। क्या मैं लालची थी, चालाक थी और जायदाद हड़पना चाहती थी? नहीं चचा जौन, नहीं। मैं तो सिर्फ़ उस क़त्लगाह को भाई की याद में बचाए रखना चाहती थी। लेकिन तुमने क्या-क्या न कहा लोगों से। ये तो सोचा होता कि मैं तुम्हारी शागिर्द थी। तुमने मुझे तालीम दी थी। तुम्हें मुझ पर नहीं तो कम-अज़-कम उस तालीम पर ऐतिमाद[1] होना चाहिए था। मालो-दौलत से बेनियाज़[2], अपनी फ़क़ीरी में मस्त, मेरे सुक़रात! तुम जैसा ग़ैरमामूली ज़ेहन, आख़िर मामूली कैसे हो गया। और किसके लिए? बेशक जीत तुम्हारी हुई लेकिन मिला क्या तुम्हें जीतकर? जवाब दो मेरे एरिस्टोटिल '**यही होता है ख़ानदान में क्या**'?[3]

जौन : **ज़रा इक साँस रोका तो लगा यूँ**
कि इतनी देर अपने घर रहा हूँ

तू जा बेटी घर जा, मैं नहीं समझा सकता तुझे।

शाहाना : चचा, तुम चलता-फिरता 'जौन ड्रामा क्लब'[4] हो।

1. विश्वास 2. बिना लालच के 3. जौन एलिया अपने भाइयों के साझा घर में से अपना हिस्सा बेचना चाहते थे और शाहाना एलिया ऐसा नहीं चाहती थीं। कारण ये था कि उस घर में उनके पिता रईस अमरोहवी का क़त्ल हुआ था। एक लम्बी क़ानूनी लड़ाई के बाद जौन की जीत हुई। 4. जौन एलिया के ड्रामा क्लब का नाम, जिसके तहत जौन अमरोहे में रंगकर्म किया करते थे।

ड्रामे-बाज़ हो। 'घड़ी में औलिया, घड़ी में भूत' तुम गिरगिट हो! गिरगिट भी वो जो ज़बान से ज़हर फेंकता है। तमाम उम्र तुमने अदाकारी की। तुमने ड्रामे लिखे, ड्रामों का डायरेक्शन किया और ख़ुद भी हमेशा किसी-न-किसी किरदार ही में रहे। ड्रामा तुम पर इस क़दर हावी हुआ कि तुम किरदारों से बाहर निकल ही नहीं पाये। ड्रामा तुम्हारी अना[1] बन गया और तुम अना के मरीज़।

जौन : **हाँ ठीक है मैं अपनी अना का मरीज़ हूँ**
आख़िर मिरे मिज़ाज में क्यों दख़्ल दे कोई

शाहाना : चचा जौन! एक बात और कहनी है, तुम्हारे चले जाने से मेरी तालीम अधूरी रह गयी। तुम बीच मँझधार छोड़ गये मुझे।

जिन : इस उम्र में भी ये पढ़ना चाहती हैं?

जौन : मियाँ बौड़म हो क्या? तालीम का उम्र से क्या लेना-देना।

जिन : तो फिर मुझे भी तालीम दीजिये हुज़ूर।

जौन : तुम पहले ही बहुत पढ़े-पढ़ाये हो। अब और पढ़ोगे तो घुटना फट जायेगा।

शाहाना : चचा जौन! तुमसे शिकायतें तो बहुत हैं मगर सोचती हूँ।

नया इक रिश्ता पैदा क्यों करें हम
बिछड़ना है तो झगड़ा क्यों करें हम

1. अभिमान

जौन : *(ख़ुदकलामी)*

ये बस्ती है मुसलमानों की बस्ती
यहाँ कारे-मसीहा[1] क्यों करें हम

शाहाना : पता है कभी-कभी तुम बेइंतिहा याद आते हो। तुम्हारे साथ गुज़रा एक-एक लम्हा ख़्वाब लगता है। महसूस होता है जैसे तुम दुनिया के थे ही नहीं। एक और बात बताऊँ? कुछ लोग तुम्हें एलियन कहते थे। कहीं तुम सचमुच ही एलियन तो नहीं थे।

(जिन ख़ूब हँसता है। जौन साहिब ग़ुस्से में देखते हैं)

जौन : मियाँ तुम्हें एक़ बार में बात समझ में नहीं आती।

जिन : मुझे डाँटने के बजाय आप भी हँसा कीजिए हुज़ूर। हँसना सेहत के लिए फ़ायदेमंद है। आजकल जगह-जगह लाफ़्टर क्लब बन गये हैं। जहाँ लोग सुब्ह-शाम हँसने के लिए जाते हैं। हँसने से बीमारियाँ नहीं होतीं मीलॉर्ड।

जौन : तुम ख़ुद एक बीमारी हो, तुम्हें क्या ख़ाक बीमारी होगी? मुँह बन्द करो।

शाहाना : चचा जौन! मुश्ताक़ अहमद युसुफ़ी[2] साहिब ने बताया कि वो जवानी के दिनों में तुम्हारा कलाम कोई एंग्लो-इंडियन आवारा लड़की समझकर पढ़ा करते थे।

(जिन फिर हँसता है लेकिन जौन के घूरने पर चुप हो जाता है)

1. यीशु के कारनामे 2. प्रसिद्ध पाकिस्तानी व्यंग्यकार

शाहाना : लेकिन अब तो मुश्ताक़ साहिब भी चले गये। अल्लाह मुश्ताक़ साहिब को करवट-करवट जन्नत अता फ़रमाए।

जौन : जो मेरे बारे में उल्टी-सीधी बातें करे उसे कभी मरना ही नहीं चाहिए। उसका ठिकाना दुनिया ही होना चाहिए। हाय मुश्ताक़ भाई।

शाहाना : चचा, अनवर मक़सूद साहिब[1] याद हैं ना?

जौन : हाय अनु जानी।

शाहाना : पता है उन्होंने एक अफ़वाह फैला रखी है कि तुमने जन्नत से कोई ख़त उनके नाम लिखा है। जिसमें तुमने वहाँ अलग कमरे की माँग की है और भाइयों के साथ रहने से इनकार कर दिया है। और तुम सौदा का सौदा लेने जाया करते हो। ग़ालिब और मीर से भी तुम्हारी गुफ़्तगू का ज़िक्र है उस ख़त में। और भी बहुत से हंगामे हैं उस ख़त में।

जौन : इसमें ज़रूर मुनीर नियाज़ी[2] का हाथ होगा। *(जिन से)* मियाँ, अनु पढ़ा-लिखा जाहिल निकला। वो तो मुसलमान है उसके दीन[3] के मुताबिक़ पहले फ़रिश्ता इसराफ़ील[4] सूर[5] फूँकेगा फिर क़यामत[6] आयेगी फिर हश्र[7] के मैदान में हिसाब-किताब होगा उसके बाद जन्नत[8] या दोज़ख़[9] जाने का नम्बर आएगा। अभी तो मैं आलमे-बरज़ख़[10] में हूँ। तो

---

1. प्रसिद्ध पाकिस्तानी लेखक 2. जौन के समकालीन पाकिस्तानी शाइर 3. धर्म 4. एक देवता का नाम 5. मंत्र 6. प्रलय 7. इस्लाम धर्म के अनुसार वो मैदान जहाँ प्रलय के बाद सब पुनर्जीवित होकर एकत्र होंगे 8. स्वर्ग 9. नर्क 10. मृत्यु के पश्चात प्रलय तक की क़ब्र की अवधि

फिर मैंने उसे जन्नत से ख़त कैसे लिख दिया।

जिन : जाने दीजिये मीलॉर्ड। अनवर साहिब मज़ाक़ कर रहे होंगे।

जौन : तुम क्यों संजीदा हो गये। मैं भी तो मज़ाक़ ही कर रहा हूँ।

जिन : अच्छा? फिर ठीक है।

जौन : ज़ालिमीन, जानी बात सुनो।

जिन : सुन रहा हूँ मीलॉर्ड।

जौन : मियाँ मेरी शादी करवा दो।

जिन : मीलॉर्ड आप हँसने वाली बात कर रहे हैं।

जौन : ये हँसने की बात है? अच्छा ये हँसने की बात है।

जिन : आर यू सीरियस मीलॉर्ड?

जौन : और नहीं तो क्या? *(जिन के कन्धे पर हाथ रखकर अपनी डिमांड बताते हैं)* उम्र बाइस से ज़ियादा न हो, दिखने में ख़ूबसूरत हो...शाइरी का ज़ौक़ रखती हो...

शाहाना : चचा, आज बरसों बाद महसूस हुआ कि जैसे मैं अपने मायके आई हूँ। ये मायका ही तो है मेरा। चचा, चचानी, भाई, बाजी अम्मी, बड़ी बाजी, तुम, मेरा तो सारा ख़ानदान रफ़्ता-रफ़्ता यहीं आ बसा है काश कि मेरी मिट्टी भी यहीं जगह पाये।

ख़ैर, अब चलती हूँ चचा जौन! मैं फिर आऊँगी तुमसे मिलने। वक़्त काफ़ी हो गया है और शहर के

हालात भी ठीक नहीं हैं।

जौन : पहले भी कौन सा ठीक थे।

(शाहाना अपना थैला उठाती हैं क़ब्र को देखती हैं।)

शाहाना : चचा, मैंने आज तक ये बात किसी को भी नहीं बतायी कि तुम्हारे बालों में जूएँ आबाद थीं और मैंने उन्हें दर-बदर करने की बड़ी कोशिश की मगर कम्बख़्त गईं ही नहीं। अच्छा मैं चलती हूँ ख़ुदा हाफ़िज़। *(फिर जाते हुए पलटकर कहती हैं।)*

ख़याले-ख़ाना बर्बादी न करना
कभी ऐ जौन तुम शादी न करना

जौन : मियाँ ये हमारी बातें सुन रही थी क्या?

जिन : नो मीलॉर्ड, कहा न ज़िन्दा लोग आपको नहीं सुन सकते।

जौन : फिर तो मेरी दुआ है वो हमेशा ज़िन्दा रहे। अच्छा मियाँ एक बात बताओ? तुम्हारे बीवी-बच्चे नहीं हैं?

जिन : हुज़ूर आपका हश्र देखकर मैंने शादी ही नहीं की।

जौन : बहुत अच्छा किया, जीते रहो...और किसी-न-किसी पर मरते रहो और सुनो मेरी शाइरी यार आम लोगों को सुनवाओ बिलकुल आम लोगों को। आम लोगों तक पहुँचना और उन्हें ख़ास बनाना मेरा मक़सद है।

जिन : मगर मीलॉर्ड बहुतों का कहना है कि आप मामूली शाइर हैं। आपके बारे में तरह-तरह की बातें फैलाई

जा रही हैं। एक साहिब तो ये भी कहते हैं कि आपने उनका लहजा उचक लिया।

जौन : वो ज़रूर कोई उचक्का होगा मियाँ। इन उचक्कों और नक़्क़ालों से दूर रखो मेरी शाइरी को।

जिन : वो मेरे बूते की बात नहीं है मीलॉर्ड।

जौन : मियाँ, तुम्हारे बस का है भी कुछ?

जिन : ज़ी हुज़ूर, आपका सौदा...।

जौन : बकवास बन्द करो, ये बताओ कि मेरे कुछ चाहने वालों को यहाँ बुला सकते हो?

जिन : ये तो मेरे बाएँ हाथ का खेल है मीलॉर्ड।

जौन : तो बुलाओ।

(जिन आँखें बन्द करके खोलता है और दोनों हाथ दर्शकों की तरफ़ करते हुए कहता है।)

जिन : ये लीजिये मीलॉर्ड।

(थियेटर में लाइट जल जाती है। जौन दर्शकों को देखते हुए खड़े होते हैं।)

जौन : जानी, ये, इतने सारे लोग?

जिन : सब आपके आशिक़ हैं मीलॉर्ड। यहाँ इतने ही लोग आ सकते थे। जगह की कमी है ना।

जौन : *(ख़ुश होते हुए)*

है मुहब्बत हयात[1] की लज़्ज़त[2]
वरना कुछ लज़्ज़ते-हयात नहीं

---

1. ज़िन्दगी 2. स्वाद

क्या इजाज़त है एक बात कहूँ
वो, मगर ख़ैर कोई बात नहीं

(इतना कहकर जौन और जिन दोनों हाथ जोड़ लेते हैं। पसमंज़र में ***'आप अपना ग़ुबार थे हम तो'*** *ग़ज़ल दुबारा सुनाई पड़ती है। ग़ज़ल के बोल के साथ रक़्क़ासा भाव बताती हुई जौन के दूसरी तरफ़ आ खड़ी होती है बाक़ी किरदार भी आकर शामिल होते हैं)।*

❑❑❑

संदर्भ-सूची

इस नाटक को लिखने में मददगार साबित हुई इन किताबों का भी शुक्रिया—

1. जौन एलिया, *शायद* (ग़ज़ल और नज़्म संग्रह)
2. जौन एलिया, *गोया* (ग़ज़ल और नज़्म संग्रह)
3. जौन एलिया, *गुमान* (ग़ज़ल और नज़्म संग्रह)
4. जौन एलिया, *लेकिन* (ग़ज़ल और नज़्म संग्रह)
5. जौन एलिया, *यानी* (ग़ज़ल और नज़्म संग्रह)
6. जौन एलिया, *रामूज़* (नज़्म संग्रह)
7. ख़ालिद अहमद अंसारी (संकलनकर्ता), *फ़र्नूद* (जौन एलिया के लिखे लेखों का संकलन)
8. डॉ. नेहा इक़बाल, *जौन एलिया हयात और शाइरी*
9. नसीम सय्यद (संकलनकर्ता), *ख़ुश गुज़राँ गुज़र गए* (जौन एलिया पर लिखे लेखों का संग्रह)
10. ख़ालिद अहमद अंसारी (संकलनकर्ता), *मैं या मैं* (जौन एलिया पर लिखे लेखों का संग्रह)
11. शाहाना रईस एलिया, *चचा जौन* (संस्मरण)
12. सआदत हसन मंटो, *ग़ालिब का परस्तार*
13. सआदत हसन मंटो, *गंजे फ़रिश्ते*
14. मीर तक़ी 'मीर', *ज़िक्रे मीर*
15. मुहम्मद याक़ूब, *मीर तक़ी 'मीर' के अदबी मारिके*

16. श्री रामनाथ सुमन, *मीर*
17. श्री रामनाथ सुमन, *ग़ालिब*
18. तबस्सुम काश्मीरी, *ग़ुलाम हमदानी 'मुसहफ़ी' हयातो-फ़न* (शोध पत्र)
19. शाहिद हमीद (संकलनकर्ता), *शाइरों अदीबों के लतीफ़े*
20. अनवर मक़सूद साहिब के काल्पनिक ख़त
21. यास यगाना चंगेज़ी, *ग़ालिब शिकन*

इसके अलावा बहुत से तज़्किरों पत्रिकाओं और ऑनलाइन/ऑफ़ लाइन लेखों ने मेरी रहनुमाई की है।